2022 年版

全国一级造价工程师继续教育教材

法律知识与项目管理

FALV ZHISHI YU XIANGMU GUANLI

中国建设工程造价管理协会 编

中国计划出版社

北 京

图书在版编目（CIP）数据

法律知识与项目管理 / 中国建设工程造价管理协会编. -- 北京 : 中国计划出版社, 2022.6

2022年版全国一级造价工程师继续教育教材

ISBN 978-7-5182-1440-2

Ⅰ. ①法… Ⅱ. ①中… Ⅲ. ①建筑造价管理—建筑法—中国—继续教育—教材②基本建设项目—项目管理—继续教育—教材 Ⅳ. ①D922.297②F284

中国版本图书馆CIP数据核字(2022)第080478号

责任编辑：沈　建　　封面设计：韩可斌

责任校对：杨奇志　谭佳艺　　责任印制：赵文斌　康媛媛

中国计划出版社出版发行

网址：www.jhpress.com

地址：北京市西城区木樨地北里甲11号国宏大厦C座3层

邮政编码：100038　电话：（010）63906433（发行部）

北京天宇星印刷厂印刷

787mm×1092mm　1/16　10印张　248千字

2022年6月第1版　2022年6月第1次印刷

定价：40.00元

编审人员名单

编写人员：

第一章　姜　军　　　　　北京建筑大学

第二章　张正勤　　　　　上海东方环发律师事务所

第三章　王先伟　　　　　上海科汇律师事务所

第四章　孙建波　钱凌波　北京佳益工程咨询有限公司

主　　审： 杨丽坤

审查人员： 李成栋　周明科　谭敬慧　张大平　郭婧娟

郝治福　杨海欧　刘　东

前　言

为加强工程造价专业人才培养，持续改进行业专业人才的知识结构，我协会选择了当前工程项目建设及工程咨询方面的热点、难点问题，组织有关造价管理机构、高等院校、律师事务所及咨询企业等单位的专家、学者，有针对性地共同研究编写了《法律知识与项目管理》，作为全国一级造价工程师继续教育教材。本教材主要内容有：工程造价司法解释及相关制度、工程造价中容易混淆的十五对法律专业概念、“全过程法律+造价”应用实务、建设工程项目全过程绩效管理。

本教材可作为全国一级造价工程师继续教育的培训教材使用，也可作为建设工程造价管理人员、项目经理及有关人员的学习资料和参考用书，以及高等院校相关专业的教学参考。

对在本教材的编审过程中给予帮助与支持的同仁，表示衷心的感谢！

由于时间仓促，书中难免有疏漏，恳请广大读者批评、指正。

中国建设工程造价管理协会

2022 年 3 月

目 录

第一章　工程造价司法解释及相关制度

第一节　工程造价司法解释

改革开放以来，我国大力发展基础设施建设，在基建领域得到大力发展的同时，也出现了很多围绕工程造价而产生的纠纷。由于建设工程合同纠纷专业性强，其工程造价如何确定也涉及多方利益。为此，最高人民法院为了在合理范围内统一我国各地的司法裁判标准，为了弥补法律法规对建设工程造价管理领域相关规定的缺失，围绕工程造价管理领域颁布了多个司法解释，用于指导司法裁判。

一、工程造价管理的范围

（一）工程造价和工程造价管理的概念

1. 工程造价的概念

工程造价是指建设工程项目预计或者实际支出的费用。从不同的角度，工程造价有两种含义：第一种含义是从投资者的角度定义的，建设项目工程造价是指建设项目的建设成本，即预期开支或实际开支的全部固定资产的费用；第二种含义是从市场交易的角度进行定义的，工程造价是指工程价格，即为建成一项工程建设项目预计或实际在工程发承包交易活动中所形成的建筑安装工程价格或建设工程总价格。

2. 工程造价管理的概念

通常意义上，工程造价管理是指运用科学的方法和先进的管理手段，对建设工程企业开展建设工程项目过程中所产生的各种费用进行分析和管理。相对于工程造价具有两种含义，工程造价管理也有两种管理：一是指建设工程投资费用管理，二是指工程价格管理。

（1）建设工程的投资费用管理属于投资管理范畴，建设工程投资管理是指为了实现投资的预期目标，在拟订的规划、设计方案的条件下预测、计算、确定和监控工程造价及其变动的系统活动。这一含义既涵盖了微观的项目投资费用的管理，也涵盖了宏观层次的投资费用的管理。它包括了合理确定和有效控制工程造价的一系列工作。

（2）工程价格管理是属于价格管理范畴。在社会主义市场经济条件下，价格管理分微观和宏观两个层次，在微观层次上是指生产企业在掌握市场价格信息的基础上，为实现管理目标而进行的成本控制、计价、定价和竞价的一系列活动，它反映了微观主体按支配价格运动的经济规律，对商品价格进行能动地计划、预测、监控和调整并接受价格对生产的调节。在宏观层次上是指政府根据社会经济发展的要求，利用现有的法律、经济和行政手段对价格进行管理和调控，并通过市场管理规范市场主体价格行为的一系列活动。

（二）工程造价管理的主要内容

工程造价管理主要内容包括合理确定和有效地控制工程造价。当前，工程造价管理强调全面造价管理。按照国际工程造价管理促进会给出的定义，全面造价管理（Total Cost Management，简称 TCM）是指有效地利用专业知识与技术对资源、成本、盈利和风险进行筹划和控制。建设工程全面造价管理包括全寿命期造价管理、全过程造价管理、全要素造价管理和全方位造价管理。工程造价管理由于项目实施过程中可能出现的事件的不可预见性，因而是一项不确定性很强的工作。从工程造价的定义出发，将工程造价管理的工作内容分为投资角度的工程造价管理和施工成本角度的工程造价管理。

1. 投资角度的工程造价管理工作内容

在设计造价使用限额时，以标准工程投资金额作为初期设计方案指导，同时依据初期设计造价总数，提升工程图纸设计效果。在工程准备时期，甲方单位造价管理人员对工程现场进行全面勘察，对工程标高、坐标等各项工程参数进行全面标注。甲方单位在选择合作企业时，基于项目的基本情况，依法必须招标的项目，通过招标投标方式选取合作企业，评标过程中，由评标委员会对投标人的投标报价与预算标底的偏离情况进行审查。

2. 施工成本角度的工程造价管理工作内容

在建设工程施工开始前，相关工作人员需要对项目设计图纸进行深入研讨、严格核查，在此过程中，应根据实际状况，结合所积累的工作经验，找出可能存在问题的内容，并提出切实可行的建议，做到防微杜渐，尽可能地降低人力、物力、财力的无故损耗。除此之外，建立健全项目成本动态监管制度，在制度构建及落实过程中，组建适用于施工项目造价动态管控的组织结构，搭建企业成本优化管理平台并严格工程变更管理，从而达到建设工程施工成本的最佳管控。

二、司法实践中司法解释的地位

（一）司法解释的作用

司法解释是法律解释体系中重要的组成部分。法律解释，是指对现行法律和法规条文的含义所做的说明。关于司法解释的概念，是指最高人民法院在审判过程中对适用法律问题所做出的具有法律效力的阐释和说明。

司法解释针对法律适用过程中如何具体应用法律进行了说明，便于法官准确地适用法律裁判案件。同时也在一定程度上制约法官的自由裁量权，减少冤假错案的发生，力争做到同案同判。

（二）司法解释在司法实践中的地位

司法实践中，司法解释的效力等同于法律的效力，其是法律的具体解释，对具体审判工作起着指导作用。目前，现行的法律法规赋予了最高人民法院可以对属于审判工作中具体应用法律的问题进行解释的权利。同时，最高人民法院、最高人民检察院均在其管辖领域颁布文件，确定了司法解释的地位。如最高人民法院颁布的《最高人民法院关于司法解释工作的规定》（法发〔2021〕20 号）第五条指出，最高人民法院发布的司法解释，具有法律效力；最高人民检察院颁布的《最高人民检察院司法解释工作规定》（高检发办〔2019〕55 号），也在第五条指出，最高人民检察院制定并发布的司法解释具有法律效力。人民检察院在起诉书、抗诉书、检察建议书等法律文书中，需要引用法律和司法解释的，应当先援引法律，后援引司法解释。

司法解释制度是一项具有中国特色的社会主义司法制度，同时是我国司法制度的重要组成部分。它保证了法律的统一正确适用，弥补了立法的不足，维护了法律的稳定性，促进了立法的发展和完善。

三、工程造价有关司法解释

自21世纪初开始，建筑业始终占据我国国民生产总值的很大比例，围绕其产生的诉讼案件也已经超过了10万余件。通过检索中国裁判文书网发现，从2006年到2021年1月，最高人民法院以建设工程合同纠纷为案由的案件审理了400余件，最高人民法院作为我国的最高审判机关，相较于其审理的其他类型案件，建设工程合同纠纷案件数量已经占据很大比例。

最高人民法院为了指导司法实践，2004年制定并发布了《关于审理建设工程施工合同纠纷案件适用法律问题的解释》，于2005年1月1日实施；2018年制定并发布了《最高人民法院关于审理建设工程施工合同纠纷案件适用法律问题的解释（二）》，于2019年2月1日实施。

上述司法解释作为指导建设工程、工程造价领域问题的指导性意见，在实施时起到了很强的指导性作用。但是，随着建筑市场发生了新变化、司法实践出现了新问题、管理政策有了新突破，已有的司法解释已经不足以指导司法实践。为此，需要进一步制定和完善建设工程施工合同纠纷领域的司法解释。

为了适应新变化、新问题，并能够正确审理建设施工工程中的法律纠纷，同时，配合我国第一部民法典的诞生，最高人民法院在已有司法解释的基础上，重新修订并颁布了《最高人民法院关于审理建设工程施工合同纠纷案件适用法律问题的解释（一）》（法释〔2020〕25号，以下简称《建设工程合同司法解释（一）》）替代了前述司法解释。自此，《建设工程合同司法解释（一）》正式作为指导我国建设工程领域司法实践的司法解释。

《建设工程合同司法解释（一）》对工程造价管理有关问题进行了详细的解释，包括建筑工程施工合同发生纠纷时的工程计价和结算方式、工程造价的司法鉴定等问题。具体而言，《建设工程合同司法解释（一）》在合同无效条款与无效情形，劳务分包合同的无效情形，合同无效工程款的处理条款，欠付工程价款利息标准，装饰装修工程优先受偿权，承包人行使优先受偿权的期限，实际施工人代位权规定做出了新的规定和变化，除去这些规定和变化，大部分与原来的司法解释内容保持一致，或者是为了适应《中华人民共和国民法典》（以下简称《民法典》）的颁布而删掉了部分内容或者修改了表述方式，做出实质性修改的内容不多。

四、工程结算规则

关于工程造价管理的司法解释是最高人民法院结合目前的行业发展现状、有关的法律法规，所做出的对建筑工程过程中的造价疑难问题的解答，一方面是为了更好地促进工程造价行业的发展，使造价的一些标准更加清晰化、合理化；另一方面旨在提高工程造价案件的司法效率，解决合同纠纷，营造一个更加公平公正、有效率的司法环境。

（一）建设工程施工合同纠纷工程计价与结算的裁判规则

工程价款结算指的是对建设工程的合同价款进行约定，以及依据合同约定进行工程预付款、进度款、竣工款结算的活动，这其中包括前期的价款约定和后期的结算支付，是发包人、承包人履行建设工程合同的重要部分，也是合同双方确定债权债务的重要依据。而计价纠纷或结算纠纷主要是由于合同约定价格与现实情况不相符，或者约定条款没有涵盖实际造价导致的纠纷事件。由于建设工程款的结算关系到发包人、承包人等的实际利益，因此在案件审理中格外重要。

1. 建设工程合同纠纷工程款的结算方式

通常来讲，建设工程合同分为单价合同、总价合同。为此，从其结算的角度，根据《建设工程工程量清单计价规范》GB 50500—2013 的规定，分别从单价合同、总价合同的结算方式进行论述：

（1）单价合同的结算方式。首先，需确认单价合同的工程量，其必须以承包人完成合同工程应予计量的工程量确定，施工中进行工程计量，当发现招标工程量清单中出现缺项、工程量偏差，或因工程变更引起工程量增减时，应按承包人在履行合同义务中完成的工程量计算；其次，在工程量确认的前提下，依据单价合同的载明的单价进行结算。

（2）总价合同的结算方式。总价合同的计量，采用经审定批准的施工图纸及其预算方式发包形成的总价合同，除按照工程变更规定的工程量增减外，总价合同各项目的工程量应为承包人用于结算的最终工程量，总价合同约定的项目计量应以合同工程经审定批准的施工图纸为依据，发承包双方应在合同中约定工程计量的形象目标或时间节点进行计量。合同的竣工结算应在合同工程完工后，承包人应在经发承包双方确认的合同工程期中价款结算的基础上汇总编制完成竣工结算文件，应在提交竣工验收申请的同时向发包人提交竣工结算文件。承包人未在合同约定的时间内提交竣工结算文件，经发包人催告后 14 天内仍未提交或没有明确答复的，发包人有权根据已有资料编制竣工结算文件，作为办理竣工结算和支付结算款的依据，承包人应予以认可。

从司法实践来讲，若建设工程施工合同对工程价款结算约定明确的，则可按上述规则，以合同约定办理；若合同未做约定或约定不明的，可根据财政部、建设部发布的《建设工程价款结算暂定办法》（财建〔2004〕369 号）的规定，由发、承包双方依照下列规定与文件协商处理：

1）国家有关法律、法规和规章制度；

2）国务院建设行政主管部门、省、自治区、直辖市或有关部门发布的工程造价计价标准、计价办法等有关规定；

3）建设项目的合同、补充协议、变更签证和现场签证，以及经发、承包人认可的其他有效文件；

4）其他可依据的材料。

2. 法院认定建设工程价款结算的原则

发包人在收到承包人递交的竣工结算书后，可自行或委托工程造价咨询企业按约定期限和内容完成核对，并出具竣工结算文件审核意见。工程竣工结算文件经发承包双方签字确认的，应当作为工程结算、决算的依据，未经对方同意，另一方不得就已生效的竣工结算文件委托工程造价咨询企业重复审核。

一般来说工程款按照双方约定的结算文件或施工合同来确定，但在司法实践中，施工条件、施工过程会发生双方无法预料的情况，导致双方在工程款结算时存在纠纷，当事人对部分工程价款不能协商一致的，可以参照签订建设工程施工合同及当地建设行政主管部门发布的计价方法或者计价标准结算工程价款。

同时，从司法解释和国家规范等文件的层面上对此也有规定。《建设工程合同司法解释（一）》第十九条规定："当事人对建设工程的计价标准或者计价方法有约定的，按照约定结算工程价款。因设计变更导致建设工程的工程量或者质量标准发生变化，当事人对该部分工程价款不能协商一致的，可以参照签订建设工程施工合同时当地建设行政主管部门发布的计价方法或者计价标准结算工程价款。建设工程施工合同有效，但建设工程经竣工验收不合格的，依照《民法典》第五百七十七条规定处理。"

《建设工程工程量清单计价规范》GB 50500—2013 第 9. 3. 1 条第 3 款规定：已标价工程量清单中没有适用也没有类似于变更工程项目的，应由承包人根据变更工程资料、计量规则和计价办法、工程造价管理机构发布的信息价格和承包人报价浮动率提出变更工程项目的价，并应报发包人确认后调整。承包人报价浮动率可按下列公式计算：

招标工程：承包人报价浮动率 =（1 - 中标价/招标控制价）×100%

非招标工程：承包人报价浮动率 =（1 - 报价/施工图预算）×100%

《建设工程价款结算暂行办法》（财建〔2004〕369 号）第十条规定：在工程设计变更确定后 14 天内，设计变更涉及工程价款调整的，由承包人向发包人提出，经发包人审核同意后调整合同价款。变更合同价款按下列方法进行：

（1）合同中已有适用于变更工程的价格，按合同已有的价格变更合同价款；

（2）合同中只有类似于变更工程的价格，可以参照类似价格变更合同价款；

（3）合同中没有适用或类似于变更工程的价格，由承包人或发包人提出适当的变更价格，经对方确认后执行。如双方不能达成一致的，双方可提请工程所在地工程造价管理机构进行咨询或按合同约定的争议或纠纷解决程序办理。

（二）特殊情况下使用的原则

近年来，随着建筑业改革不断推进，新型建设工程合同纠纷不断涌现，建设工程施工合同纠纷案件审理中遇到许多疑难复杂问题。为公正、规范地审理建设工程施工合同纠纷案件，依法维护健康有序的建筑市场环境，根据《民法典》、《中华人民共和国建筑法》（以下简称《建筑法》）、《中华人民共和国民事诉讼法》（以下简称《民事诉讼法》）及《建设工程合同司法解释（一）》等相关法律的规定，结合各地法院审判工作实际，总结以下特殊规则。

1. 发包人收到结算文件后未予答复情形下的结算依据

（1）所谓"答复"的认定标准问题。建设工程施工合同纠纷的争议主要集中在工程款的结算问题上，工程款结算过程中，发包人往往出于自身资金周转利益的考虑，拖延审核，不积极进行竣工结算，导致工程价款无法确定。因此，竣工结算报告的审核期限及认定问题，一直是各方的关注焦点。

《民法典》第一百四十条规定："行为人可以明示或者默示作出意思表示。沉默只有在有法律规定、当事人约定或者符合当事人之间的交易习惯时，才可以视为意思表示。”

根据上述规定，在承包人提出竣工结算报告时，视为提出一个意思表示，发包人可以表达是或不是，甚至沉默，不管发包人表达是或不是，均表明发包人发出了明示的意思表示，但在发包人沉默的时候，其意思表示如何认定则需要分析合同双方之间的约定。因此，只有在合同明确约定承包人提交竣工结算文件后，发包人在约定的期限内不予答复，且发包人不予答复的法律后果为以承包人提交的竣工结算文件作为结算依据，发包人的默示行为才符合法律规定的“当事人约定”的情形，发包人的默示行为才产生视为认可结算文件的法律后果。同时，在特殊情况下，若承包人向发包人发出两次答复催告，发包人均不予回复，也可默认为发包人默示。

（2）关于发包人对结算文件不予“答复”的后果。《建设工程合同司法解释（一）》第二十一条规定：“当事人约定，发包人收到竣工结算文件后，在约定期限内不予答复，视为认可竣工结算文件的，按照约定处理。承包人请求按照竣工结算文件结算工程价款的，人民法院应予支持。”根据该规定，该标准情形可以细化为：

1）当事人在建设工程施工合同专用条款或另行签订的协议中明确约定发包人应在收到承包人提交竣工结算文件后一定期限内予以答复，且逾期未答复则视为认可竣工结算文件的，承包人依据《建设工程合同司法解释（一）》第二十一条的规定请求按照竣工结算文件结算工程价款的，应予支持。没有明确约定逾期未答复则视为认可竣工结算文件的，承包人请求按照竣工结算文件确定工程价款的，不予支持。

2）当事人在建设工程施工合同专用条款中未明确约定发包人应在收到承包人提交竣工结算文件后一定期限内予以答复，也未另行签订协议约定，承包人仅以《建筑工程施工发包与承包计价管理办法》（住房和城乡建设部令第16号）第十八条的规定，或者《建设工程施工合同（示范文本）》通用条款约定为依据，诉请依照《建设工程合同司法解释（一）》第二十一条的规定按照竣工结算文件结算工程价款的，不予支持。

3）当事人在建设工程施工合同专用条款或另行签订的协议中明确约定发包人应在承包人提交竣工结算文件后未答复则视为认可竣工结算文件，但未约定答复期限，经承包人催告后，发包人仍不予答复的，人民法院可根据实际情况确定合理的答复期限，但答复期限不应超过60日。

2. 背离中标合同实质性内容情形下的结算依据

由于我国法律规定对一定范围内的建设工程实行强制招投标，同时，依照招标投标法相关规定，招标人和中标人应根据招标文件和投标人的中标文件签订合同，所以司法实践中存在发包人与承包人为了能在既符合法律规定，又能满足个人利益的情况下，签订两份甚至多份合同的情况。上述情况的原因可能有以下几种：

（1）发包人希望降低成本，压低价格甚至到招标控制价30%以下，同时为了避免恶意竞争出现废标，发包人会事先与承包人达成合意；

（2）发包人与承包人关系密切，承包人愿意以低价承包；

（3）发包人希望通过与承包人签订黑合同，将工程违法分包或者转包出去，降低投资额；

（4）承包人低价中标，希望将工程再次分包给报价更低的单位，从中获取利益；

（5）发包方与承包方希望通过签订阴阳合同，逃避缴税。

上述情形，实质上形成了“黑白合同”。所谓“黑白合同”，是指发包人与承包人之间除了签订中标合同之外，又签订一份或者多份背离中标合同实质性内容的合同，其中的中标合同称为“白合同”，另行签订的背离中标合同实质性内容的合同称为“黑合同”。

(1) 实质性内容的认定。人民法院在具体认定“黑白合同”情形时，一般将合同中工程价款、工程质量、工程期限这三部分作为认定实质性变更的要素，而在建设工程施工过程中，因客观原因导致的如设计方案变更、建设工程规划指标调整等，当事人双方事后通过采用补充协议、会谈纪要等形式对已备案合同中工期、价款等进行部分变更形成的书面文件属于正常的变更，不构成实质性变更。

根据《建设工程合同司法解释（一)》第二条规定，招标人和中标人在中标合同之外就明显高于市场价格购买承建房产、无偿建设住房配套设施、让利、向建设单位捐赠财物等另行签订合同，系实质性地变更工程价款，属于变相的建设工程“黑白合同”。因此，接受施工单位的“让利”或者“回馈”，极有可能会因相关合同背离中标合同实质内容被确认无效。

(2) 背离中标合同实质性内容情况下的结算依据。根据《建设工程合同司法解释(一)》的相关规定，可以得出以下内容：

1）法律、行政法规规定必须进行招标的建设工程项目，依法经过招标投标程序并签订了中标合同的，当事人实际履行的施工合同与中标合同实质性内容不一致的，应当以中标合同作为结算工程价款的依据。

针对上述情况，还存在一类特殊情形，即非依法必须招标的建设工程项目，仍依法经过招标投标程序并签订了中标合同的，当事人就该建设工程项目另行签订背离中标合同实质性内容的合同的，除非在客观情况上发生了在招标投标过程中难以预见的变化导致另行签合同合同的情形外，原则上均应当以中标合同作为结算工程价款的依据。

2）若建设工程施工合同履行过程中，因设计变更、建设工程规划调整等非双方当事人原因，且无须重新进行招投标的，当事人通过签订补充协议、会谈纪要等形式对工程价款、计价方式、工程期限、工程质量标准等合同内容进行合理变更或补充的，不应认定为与中标合同“实质性内容不一致”，当事人主张以该变更或补充内容结算工程价款的，应予支持。

3）中标合同与当事人实际履行的施工合同均因违反法律、行政法规的强制性规定被认定为无效的，可以参照当事人实际履行的合同结算工程价款。

3. 施工合同无效但工程质量合格情形下的结算依据

(1) 建设工程施工合同效力的认定。根据《民法典》的规定，通常来讲，合同无效的一般规则包括无民事行为能力人实施的民事法律行为无效；行为人与相对人以虚假的意思表示实施的民事法律行为无效；以虚假的意思表示隐藏的民事法律行为的效力，依照有关法律规定处理；违反法律、行政法规的强制性规定的民事法律行为无效。但是，该强制性规定不导致该民事法律行为无效的除外；违背公序良俗的民事法律行为无效；行为人与相对人恶意串通，损害他人合法权益的民事法律行为无效。

同时，《民法典》等相关法律法规及司法解释还规定，承包人超越资质登记许可的业务范围签订建设工程施工合同，在建设工程竣工前取得相应资质等级，当事人请求按照无效合同处理的，不予支持。

未取得建设用地规划许可证、建设工程规划许可证签订的建设工程施工合同无效。但在审理期间取得建设用地使用权，办理了相应审批手续或者经行政主管部门批准建设且已经竣工验收合格的，应当认定为有效。建设单位未领取施工许可证的，不影响建设工程施工合同的效力。

司法实践中，没有资质的实际施工人借用有资质的建筑施工企业名义的；建设工程必须进行招标而未招标或者中标无效的；承包人未取得建筑业企业资质或者超越资质等级的建筑工程合同应认定为无效。除此之外，承包人因转包、违法分包建设工程与他人签订的建设工程施工合同，应当依据《民法典》第一百五十三条第一款及第七百九十一条第（二）款、第（三）款的规定，认定无效。

（2）施工合同无效但工程质量合格情形下的结算依据。《建设工程合同司法解释（一）》第二十四条规定："当事人就同一建设工程订立的数份建设工程施工合同均无效，但建设工程质量合格，一方当事人请求参照实际履行的合同关于工程价款的约定折价补偿承包人的，人民法院应予支持。实际履行的合同难以确定，当事人请求参照最后签订的合同关于工程价款的约定折价补偿承包人的，人民法院应予支持。"

根据上述规定，若建设工程施工合同无效，但建设工程质量合格的，一方主动可请求参照实际履行的合同关于工程价款的约定折价补偿承包人；若实际履行合同难以确定的，可以参照最后签订合同的约定折价补偿承包人。

《建设工程合同司法解释（一）》的起草单位对第十六条的释义包括如下几个观点：其一，第十六条是关于工程价款的计算标准问题的规定；其二，当事人按照随行就市原则在合同中订立的工程价格，明显高于或低于定额计价标准的，应按照合同约定标准进行结算，而不应按照建筑行业主管部门颁布的工程定额标准进行结算；其三，定额计价与工程量清单计价，这两种计价模式都是工程造价的计价方法。

司法实践中，2020 年 9 月的《株洲××房地产开发有限公司、湖南省××公司建设工程施工合同纠纷再审审查与审判监督民事裁定书》中，依据《建设工程合同司法解释（一）》第二条规定，建设工程施工合同无效，但建设工程经竣工验收合格，承包人请求参照合同约定支付工程价款的，应予支持。该案中，企业管理费、规费等费用均属于合同约定工程价款的组成部分，就涉案工程价款形成的鉴定意见亦对前述费用进行了计算，考虑到承包人实际投入劳动、资金和材料，并参照合同约定以及鉴定意见，对工程价款进行综合认定，未超出双方当事人订立合同时的合理预期。因此，建设工程质量合格便成为无效施工合同工程结算的前提，即施工合同无效的工程要结算需通过工程竣工验收合格。

第二节　工程造价鉴定制度

随着建筑行业的迅速发展壮大，建设工程施工合同纠纷随之不断增加，尤其是涉及工程造价的纠纷占很高的比例。造成建设工程项目造价出现纠纷的常见原因有：低价投标，不平衡报价；材料及人工价格上涨；约定固定总价，但无法适应市场价格变化等。在工程造价纠纷处理的过程中，承包人为了维护自身利益，面对调节难度大或者无法调节的纠纷问题就会选择通过法律途径来解决，而工程造价相关问题具有专业性、复杂性等特点，导致司法人员很难给出专业公平的裁判意见，这就需要委托专业人员进行工程造价的司法鉴定。

一、工程造价鉴定制度的渊源

（一）鉴定制度的历史沿革

我国在1982年的《民事诉讼法（试行）》中就规定了“鉴定结论”，其后的相关司法解释和规范性法律文件中也有相关规定，但是对司法鉴定含义的明确则是在21世纪初。

2001年11月16日，最高人民法院发布《最高人民法院关于印发〈人民法院司法鉴定工作暂行规定〉的通知》（法发〔2001〕23号），其第二条规定：“本规定所称司法鉴定，是指在诉讼过程中，为查明案件事实，人民法院依据职权，或者应当事人及其他诉讼参与人的申请，指派或委托具有专门知识的人，对专门性问题进行检验、鉴别和评定的活动。”

2001年，《最高人民法院民事诉讼若干证据的规定》（法释〔2001〕33号）（以下简称旧《民事证据规定》）颁布。旧《民事证据规定》第二十八条规定：“一方当事人自行委托有关部门作出的鉴定结论，另一方当事人有证据足以反驳并申请重新鉴定的，人民法院应予准许。”将当事人自行委托有关部门作出的也称为“鉴定结论”。可见，当时司法机关对司法鉴定含义的认知也尚未统一。

2005年全国人大常委会出台了《关于司法鉴定问题管理的决定》（以下简称《决定》），该法为我国司法鉴定领域首部专门法律，起到了“基本法”的作用。与此同时该法中，对司法鉴定进行了明确界定：“司法鉴定是指在诉讼活动中鉴定人运用科学技术或者专门知识对诉讼涉及的专门性问题进行鉴别和判断并提供鉴定意见的活动。”此处明确了司法鉴定不再是侦查行为的一种类型，也不再是司法机关的专属权利，而是控、辩双方都有权提起、为自己主张提供科学依据的诉讼活动。

上述定义是从鉴定人的视角做的规定，肯定了司法鉴定进行的阶段为“诉讼活动中”，并明确了是司法鉴定对专门性问题进行的鉴别、判断并提供鉴定意见的活动。但《决定》对是否需要司法机关统一委托鉴定，还是当事人也可以自行委托鉴定的问题，并未做出规定。

《决定》实施后，相关法律、法规相继制定，司法鉴定的规定趋向明确、规范。2005年司法部出台了《司法鉴定人管理办法》《司法鉴定机构管理办法》。2007年7月，司法部根据《决定》审议通过了《司法鉴定程序通则》（以下简称旧《通则》），第十一条规定：“司法鉴定机构应当统一受理司法鉴定的委托”，仍未对委托人做明确规定。按照文义理解，当事人自行委托鉴定也应当在鉴定机构的受理范围内。

2016年司法部修订了《司法鉴定程序通则》（司法部第132号令）（以下简称新《通则》），自2016年5月1日起施行。新《通则》第二条重述了《决定》第二条对司法鉴定的含义界定，新《通则》第十一条规定：“司法鉴定机构应当统一受理办案机关的司法鉴定委托”。将新《通则》第二条和第十一条结合起来理解，即新《通则》所称的司法鉴定的委托人应为包括司法机关在内的办案机关，即当事人不具有司法鉴定委托人的资格时，其委托鉴定机构或鉴定人进行的鉴定就不能称其为“司法鉴定”，获取的专家意见也就不是《民事诉讼法》中法定证据种类之一的“鉴定意见”。这样的规定也与人民法院对司法鉴定的认识保持一致。

2019年，最高人民法院颁布了《最高人民法院关于民事诉讼证据的若干规定》（法释

〔2019〕19号）（以下简称新《证据规定》）。新《证据规定》涉及鉴定的内容共有22条，从数量上来看，其对鉴定部分的规定更加细化了。最主要的表现就是明确了鉴定委托书的具体内容，确立了鉴定人的承诺制度，完善了鉴定期限制度、鉴定人出庭作证制度，使鉴定意见回归证据的本质，对专门知识的如何参与出庭做出了相关规定。

（二）工程鉴定制度的历史沿革

2002年，最高人民法院发布了《人民法院对外委托和组织司法鉴定管理办法》，该办法对建设工程施工中工程造价鉴定工作进行了较为详细的规范，其第四条明确规定，工程鉴定只能由司法技术部或者法院外包给外面的鉴定机构完成，对于其中造价鉴定和价格评估一切都由外包的鉴定机构完成，且必须具有专业资质的鉴定机构才能办理。这是我国最早明确规定法院工程造价鉴定工作的法律文件。

为规范建设工程司法鉴定程序，提高建设工程司法鉴定质量，维护和促进司法公正，化解社会矛盾，中华人民共和国司法部司法鉴定管理局于2014年制定并发布了《建设工程司法鉴定程序规范》。住房和城乡建设部于2017年发布公告，根据《中华人民共和国民事诉讼法》《中华人民共和国仲裁法》等有关法律法规规定，以工程造价方面科学技术和专业知识为基础结合工程造价鉴定实践经验制定的《建设工程造价鉴定规范》GB/T 51262—2017自2018年3月1日起实施。

二、工程造价鉴定制度的内涵

（一）工程造价鉴定的含义

《建设工程造价鉴定规范》GB/T 51262—2017对工程造价鉴定做出了明确定义，工程造价鉴定是指鉴定机构接受人民法院或仲裁机构委托，在诉讼或仲裁案件中，鉴定人运用工程造价方面的科学技术和专业知识，对工程造价争议中涉及的专门性问题进行鉴别、判断并提供鉴定意见的活动。

工程造价鉴定意见作为一种独立证据，是工程造价纠纷案司法裁判过程中的重要依据，在建设工程合同诉讼、仲裁活动中起着至关重要的作用。

工程造价鉴定的主要内容有：

（1）鉴定主体：包括鉴定机构和鉴定人。根据《建设工程造价鉴定规范》GB/T 51262—2017的规定，并结合目前实践的具体情况，鉴定机构通常是指接受委托从事工程造价鉴定的工程造价咨询企业；鉴定人是指在受托单位执业并受鉴定机构指派，负责鉴定项目工程造价鉴定的国家一级、二级注册造价工程师。鉴定人在诉讼中应立于中立，鉴定人在接受委托后为解决诉讼中的造价问题，是有着特殊性质的诉讼参与人。鉴定人除了必须拥有从业资质外，还应有丰富的造价专业经验。

（2）主要目的：解决引起争议的工程价款问题。工程造价由于建设本身的专业性和复杂性而成为一门专业性很强的学科，因此决定了它很难依据审判人的直观或者逻辑思维来做出判断，而是由具有资质且经验丰富的鉴定人运用"专业知识，结合提交的证据资料，依据一定的方式方法对争议问题进行鉴别、计算后形成鉴定意见"，给审判庭提供公正客观的意见。

（二）工程造价鉴定的原则

最高人民法院印发的《人民法院司法鉴定工作暂行规定》（法发〔2001〕23号）第三条规定，司法鉴定应当遵循三个一般原则：一是合法、独立、公开；二是客观、科学、准确；三是文明、公正、高效。

同时，《建设工程司法鉴定程序规范》中规定，开展建设工程造价类鉴定除了应当遵循鉴定原则，独立鉴定原则、客观鉴定原则、公正鉴定原则，还应当遵循从约原则和取舍原则。

综上，可以看出，开展工程造价鉴定工作所需要遵循的原则，既要遵循《人民法院司法鉴定工作暂行规定》规定的一般原则，即合乎所有鉴定类型的通用原则；又要根据建设工程特殊要求遵循特别原则，即从约原则和取舍原则。结合实践，需要遵循的原则有：

（1）公正原则。所谓公正原则是指鉴定机构在组织进行鉴定工作时，必须以科学、客观严谨的态度去面对鉴定工作，并在民事诉讼实践里，保持一个中立的鉴定人地位，公平、公正地根据鉴定材料做出鉴定意见，并保证鉴定意见的客观与真实度，避免当事人的合法利益受损。作为工程造价鉴定中最重要的原则之一，该原则要求鉴定人立场、鉴定行为、鉴定程序、鉴定方法，以及最后的鉴定意见公正合理，提高法院对鉴定意见的采信度。

（2）客观性原则。所谓客观性原则是指鉴定人要用客观、科学的态度去审视鉴定意见，以客观事实为基础，鉴定人不能罔顾事实，凭主观臆断，也不能完全听命于当事人。

（3）从约原则。工程造价鉴定是围绕工程造价的争议展开的，而工程造价从属于建设工程合同。工程造价是双方当事人在权衡利弊之后，相互竞价磋商后订立的最终交易价格，是属于合同内容的一部分。而工程造价鉴定则是围绕上述工程造价内容展开，故需要在维护市场价格机制的公平与效率的前提下，遵循从约原则的基础上，对诉讼中有争议的价款进行工程造价鉴定。

（4）取舍原则。鉴定人在进行工程造价鉴定时，会因为各种实际情况，导致鉴定意见难以得到，如当事人原因提供的证据不够完善，或由于案件自身过于复杂和特殊等因素，均会影响鉴定意见的客观公正。此时，鉴定人需要针对案情的具体情况选择相应的计算方法，通过科学计算得出鉴定意见以供法院审理取证时进行取舍。合理遵循取舍原则能够有效避免因鉴定意见的采纳不当或者未审先定而影响案件的最终裁决。

除了以上原则外，根据《司法鉴定程序通则》（司法部令第132号）第六条规定："司法鉴定机构和司法鉴定人应当保守在执业活动中知悉的国家秘密、商业秘密，不得泄露个人隐私。"即未经委托人的同意，不得向其他人或者组织提供与鉴定事项有关的信息，但法律、法规另有规定的除外。这一原则的确定，是为了保护国家机密和维护委托人的隐私，也是为了保证鉴定结果的合理、合法、公平、公正。

（三）工程造价鉴定的特点

1. 工程造价鉴定机构和鉴定人员的双重性

工程造价鉴定主体是由鉴定机构和鉴定人员共同组成的，具有它们的双重性特点：其一，工程造价鉴定机构作为建筑行业依赖的专业机构，是社会中介机构的重要组成部分，有着不同于其他行业的专业特殊性，鉴定机构完成工程造价报表的鉴定人员需要具备国家认定的工程造价执业资格，这使得工程造价鉴定机构的活动有着社会化与经营化相结合的特点；其二，司法鉴定工作要在法律制度的约束下进行，这使得工程造价鉴定机构必须是加入法院名册的造价鉴定机构，并且出具鉴定报告的鉴定人员也必须拥有国家一级或二级注册造价师执业证书，鉴定意见才具备特定的法律效力。

2. 工程造价鉴定制度的双重性

一方面，对鉴定机构的准入机制、机构管理制度严格要求，对工程造价行业的具体实际操作也要有专门的规定；另一方面，在司法实践中要严格遵循司法鉴定制度，包括：鉴定的启动权的配置，施工现场勘验，鉴定人听证、出庭质证，对外委托鉴定等制度。

综上所述，我国现行体制下的工程造价鉴定是一种专业技术与法律程序相统一的特殊工作，因此，这种特殊工作应当在遵循现代企业行为规范、建筑行业操作规程以及工程造价的专业法律规范下进行，是方法、程序与制度的统一结合。

（四）工程造价鉴定的依据

住房和城乡建部对工程造价进行了规范化的规定，即《建设工程造价鉴定规范》GB/T 51262—2017 对工程造价鉴定依据相关问题做出了明确规定，具体内容如下：

1. 鉴定依据的范围

鉴定依据是指鉴定项目适用的法律、法规、规章、专业标准规范、计价依据，当事人提交经过质证并经委托人认定或当事人一致认可后用作鉴定的证据。

计价依据是指由国家和省、自治区、直辖市建设行政主管部门或行业建设管理部门编制发布的适用于各类工程建设项目的计价规范、工程量计算规范、工程定额、造价指数、市场价格信息等。

2. 鉴定依据的来源

鉴定依据的来源有鉴定人自备、委托人移交、当事人提交、调查、现场勘查等。

（1）鉴定人自备的鉴定依据：鉴定人进行工程造价鉴定工作，应自行收集适用于鉴定项目的法律、法规、规章和规范性文件；鉴定人应自行准备与鉴定项目相关的标准规范，若工程合同约定的标准规范不是国家或行业标准，则应由当事人提供；鉴定人应自行收集与鉴定项目同时期、同地区、相同或类似工程的技术经济指标以及各类生产要素价格。

（2）委托人移交的证据材料：包括但不限于起诉状（仲裁申请书）、反诉状（仲裁反申请书）及答辩状；证据及《送鉴证据材料目录》；质证记录、庭审记录等卷宗；鉴定机构认为需要的其他有关资料。鉴定过程中，鉴定人可根据鉴定需要提请委托人通知当事人补充证据，对委托人组织质证并认定的补充证据，鉴定人可直接作为鉴定依据；对委托人转交，但未经质证的证据，鉴定人应提请委托人组织质证并确认证据的证明力。

（3）委托人要求当事人直接向鉴定机构提交的证据：鉴定机构应提请委托人确定当事人的举证期限，并应及时向当事人发出函件，要求其在举证期限内提交证据。鉴定机构应及时将收到的证据移交委托人，并提请委托人组织质证并确认证据的证明力。在工程项目施工过程中，会产生大量的工程信息资料，这些信息资料全都有可能作为司法鉴定的依据，需要当事人认真做好整理存档。

（4）鉴定人可对相关事实进行调查：根据鉴定需要，鉴定人有权了解与鉴定事项有关的情况，并对所需要的证据进行复制。鉴定人可以询问当事人、证人，询问应制作询问笔录。鉴定人对特别复杂、疑难、特殊技术等问题或对鉴定意见有重大分歧时，可以向本机构以外的相关专家进行咨询，但最终的鉴定意见应由鉴定人作出，鉴定机构出具。

（5）当事人或鉴定人认为需要进行现场勘验的：应当提请委托人同意后由委托人组织现场勘验，鉴定人应当参加。鉴定项目标的物因特殊要求，需要第三方专业机构进行现场勘验的，鉴定机构应说明理由，提请委托人、当事人委托第三方专业机构进行勘验，委托人同意并组织现场勘验，鉴定人应当参加。

基于上述内容，并结合委托人已查明的与鉴定事项相关的事实；委托人已认定的与鉴定事项相关的法律关系性质和行为效力；委托人对证据中影响鉴定结论重大问题的处理决定；其他应由委托人明确的事项，综合上述内容，即作为鉴定依据。

3. 对鉴定依据异议的处理

当事人对证据有异议，鉴定人认为可以通过现场勘验解决的，应提请委托人组织现场勘验。

当事人对证据的真实性提出异议，或证据本身彼此矛盾的，鉴定人应及时提请委托人认定并按照委托人认定的证据作为鉴定依据。如委托人未及时认定，或认为需要鉴定人按照争议的证据出具多种鉴定意见的，鉴定人应在征求当事人对于有争议的证据的意见并书面记录后，将该部分有争议的证据分别鉴定并将鉴定意见单列，供委托人判断使用。

当事人对证据的关联性提出异议的，鉴定人应提请委托人决定。委托人认为是专业性问题并请鉴定人鉴别的，鉴定人应依据相关法律法规、工程造价专业技术知识，经过甄别后提出意见，供委托人判断使用。

同一事项当事人提供的证据相同，一方当事人对此提出异议但又未提出新证据的；或一方当事人提供的证据，另一方当事人提出异议但又未提出能否认该证据的相反证据的，在委托人未确认前，鉴定人可暂用此证据作为鉴定依据进行鉴定，并将鉴定意见单列，供委托人判断使用。同一事项的同一证据，当事人对其理解不同发生争议的，鉴定人可按不同的理解分别做出鉴定意见并说明，供委托人判断使用。

（五）工程造价鉴定报告

工程造价鉴定是专业性和程序性极强的一项活动。建设工程造价鉴定工作在本质上应该是受法院或仲裁机构的委托而作出的专业咨询意见的行为，其本身并非司法行为或行政行为。根据我国《民事诉讼法》第七十九条规定，修订后的法律明显将原先的“鉴定结论”修改为“鉴定意见”，也表明了建设工程造价鉴定在性质上属于一种独立的司法证据，并非是定案的唯一结论依据。

根据《建设工程造价鉴定规范》GB/T 51262—2017 的规定，鉴定意见可同时包括确定性意见、推断性意见或供选择性意见。当鉴定项目或鉴定事项内容事实清楚、证据充分时，应做出确定性意见。当鉴定项目或鉴定事项内容客观，事实较清楚，但证据不够充分时，应做出推断性意见。当鉴定项目合同约定矛盾或鉴定事项中部分内容证据矛盾，委托人暂不明确要求鉴定人分别鉴定时，可分别按照不同的合同约定或证据，做出选择性意见，由委托人判断使用。

鉴定机构和鉴定人在完成委托的鉴定事项后，应向委托人出具鉴定意见书。工程造价鉴定报告是工程造价鉴定实施的最终结果，是委托人要求提供的重要诉讼证据，因此司法鉴定文书必须概念清楚、观点明确、文字规范、内容翔实。

工程造价鉴定报告应具备的内容包括：

（1）委托人、受委托人名称，鉴定内容；

（2）案情摘要：记述合同时间、施工时间、当事人主要争议及主张等；

（3）工程概况及工程造价界定；

（4）对鉴定过程的说明；

（5）工程造价鉴定依据的资料；

（6）工程造价鉴定的技术方法及分析过程；

（7）鉴定结论及鉴定结论成立的限制条件有关说明；

（8）附件：工程造价计算书、当事人对听证勘误报告的异议及答复、鉴定委托书、鉴定人资质。

鉴定意见书不得载有对案件性质和当事人责任进行认定的内容。多名鉴定人参加鉴定，对鉴定意见有不同意见的，应当在鉴定意见书中予以注明。

三、工程造价鉴定机构和鉴定人的权利与义务

（一）鉴定机构和鉴定人的权利

1. 案件知情权

《民事诉讼法》第七十七条规定：鉴定人有权了解进行鉴定所需要的案件材料，必要时可以询问当事人、证人。

根据上述规定，鉴定人可以依法了解需要进行鉴定的材料。同时，必要时可以就案件的基本情况询问当事人、证人。

2. 现场勘验权

《民事诉讼法》第八十条规定："勘验物证或者现场，勘验人必须出示人民法院的证件，并邀请当地基层组织或者当事人所在单位派人参加。当事人或者当事人的成年家属应当到场，拒不到场的，不影响勘验的进行。有关单位和个人根据人民法院的通知，有义务保护现场，协助勘验工作。勘验人应当将勘验情况和结果制作笔录，由勘验人、当事人和被邀请参加人签名或者盖章。"

3. 资料收集权

工程造价鉴定机构和鉴定人在实施工程造价鉴定过程中，如发现提交的鉴定材料不充分，不符合鉴定要求时，可以要求司法鉴定委托人补充鉴定材料，补充齐全方可实施鉴定工作，不补充或补充不齐全可终止鉴定。

4. 拒绝鉴定权

对于以下情况，工程造价鉴定机构和鉴定人可以拒绝接受委托鉴定的工作：

（1）不具备实施鉴定条件的；

（2）当工程造价鉴定人的案件知情权、现场勘验权和资料收集权等三项权利无法得到实现的；

（3）当超出工程造价鉴定机构能力范围或工程造价鉴定人由于自身专业所限，不能做出准确工程造价鉴定意见时；

（4）当发现鉴定委托人提供证据材料存在虚假资料和虚假信息的；

（5）当鉴定申请人明确拒绝支付鉴定费用的。

5. 获取工作报酬权

根据《建设工程司法鉴定程序规范》SF/Z JD 0500001—2014 的规定，建设工程司法鉴定由司法鉴定机构统一收取司法鉴定费用。司法鉴定机构执行省级司法和物价行政部分发布的收费项目和标准。没有收费标准的，可协商由鉴定机构根据所受理鉴定项目的实际情况参考相关行业收费办法收取费用。

为此，工程造价鉴定机构和鉴定人在开展相应工作后，有权获得从事工程造价鉴定工作的工作报酬。

6. 独立行使鉴定权

工程造价鉴定机构和鉴定人有权根据自己对鉴定案件证据材料进行独立的分析和判断，并出具合理合法的工程造价鉴定意见，任何人不得强迫和指使工程造价鉴定人出具任何违背客观公正的工程造价鉴定意见。

7. 其他权利

法律、法规规定的其他权利。

（二）鉴定机构和鉴定人的义务

1. 依法回避的义务

《民事诉讼法》第四十七条规定："审判人员有下列情形之一的，应当自行回避，当事人有权用口头或者书面方式申请他们回避：（一）是本案当事人或者当事人、诉讼代理人近亲属的；（二）与本案有利害关系的；（三）与本案当事人、诉讼代理人有其他关系，可能影响对案件公正审理的。"

同时，根据《建设工程司法鉴定程序规范》SF/Z JD 0500001—2014 的规定，具有下列情形之一的，应自行回避，不自行回避的，委托人、当事人及利害关系人有权要求其回避：

（1）是受鉴项目的当事人，或者是当事人近亲属；

（2）本人或者其近亲属，与受鉴项目有利害关系的；

（3）担任过受鉴项目的证人、辩护人、诉讼代理人的；

（4）担任过受鉴项目咨询、论证、勘察、设计、监理、施工、检测（测绘）任务的；

（5）与受鉴项目各方当事人有其他关系可能影响司法鉴定公正的；

（6）应当回避的其他情形。

2. 保守案件内部秘密的义务

工程造价鉴定机构和鉴定人对于查阅案件材料、勘验现场等活动中了解的案内情况，都有保守秘密的义务。

3. 出具《工程造价鉴定意见书》的义务

《工程造价鉴定意见书》中应附工程造价鉴定人的执业注册证书，并签名加盖执业专用章，证明工程造价鉴定工作是其亲自实施和完成的。

4. 出庭接受质询的义务

《民事诉讼法》第八十一条规定：当事人对鉴定意见有异议或者人民法院认为鉴定人有必要出庭的，鉴定人应当出庭作证。经人民法院通知，鉴定人拒不出庭作证的，鉴定意见不得作为认定事实的依据，支付鉴定费用的当事人可以要求返还鉴定费用。

5. 其他义务

除上述义务外，工程造价鉴定机构和鉴定人还需遵守法律、法规、规定、职业道德和职业纪律等其他的义务，例如，不得出具虚假工程造价鉴定意见。

四、工程造价鉴定的基本程序

（一）委托及受理

1. 委托主体、委托方式及内容

委托主体：各级司法机关、公民、法人和其他组织。各级人民法院、仲裁委员会作为委托主体的比较普遍。

委托方式：一般采用委托书，委托书采取书面形式。

委托内容：受委托单位名称、委托事项、鉴定要求（包括鉴定时限）、简要案情、鉴定材料。

送鉴材料包括：

（1）诉讼状与答辩状等卷宗及工程施工合同、补充合同等；

（2）招标发包工程的招标文件、投标文件及中标通知书等；

（3）承包人的营业执照、施工资质等级证书等；

（4）施工图纸、图纸会审记录、设计变更、技术核定单、现场鉴证；

（5）视工程情况所必须提供的其他材料。

司法机关委托鉴定的送鉴材料应经双方当事人质证认可，复印件由委托人注明与原件核实无异。

其他委托鉴定的送鉴材料，委托人应对材料的真实性承担法律责任。

送鉴材料不具备鉴定条件或与鉴定要求不符合，或者委托鉴定的内容属国家法律法规限制的，可以不予受理。

2. 受理

根据《建设工程司法鉴定程序规范》SF/Z JD 0500001—2014 的规定，具有下列情形之一的鉴定委托，不得受理：

（1）委托鉴定的事项超出本机构鉴定业务范围的；

（2）鉴定资料未经质证或者取得方式不合法的；

（3）鉴定事项的用途不合理或者违反行业社会公德的；

（4）鉴定要求不符合司法鉴定执业规则或者相关鉴定技术规范的；

（5）鉴定要求超出本机构技术条件和鉴定能力的；

（6）同时委托其他鉴定机构就同一鉴定事项进行鉴定的；

（7）其他不符合法律、法规、规章规定情形的。

（二）鉴定工作的实施

根据《建设工程造价鉴定规范》GB/T 51262—2017 的规定，可以总结出开展鉴定工作的一般程序，包括以下内容：

1. 鉴定准备

在一般情况下，工程造价中首先需要进行鉴定准备工作。了解工程实施范围的大小，工程的可实施性以及工程的程序是否合格。实践中，工程造价依旧会面临诸多的风险，在法律风险责任方面，通常由第一鉴定人负责。其他相关的负责人也要付次要的责任。鉴定准备工作主要包括鉴定方案的确定和案情调查。

鉴定机构和鉴定人要全面了解熟悉案情，对送鉴材料要认真研究，了解当事人争议的焦点和委托方的鉴定要求，结合工程合同和有关规定提出鉴定方案。因为建设工程情况错综复杂，鉴定方案直接影响着鉴定结论，所以鉴定方案必须经鉴定机构的技术负责人批准后方能实施。

2. 工程造价鉴定中复杂、疑难问题的论证

工程造价鉴定中如对复杂、疑难问题或鉴定结论有重大意见分歧时，可以进行专家咨询、向行业组织申请专家意见，根据专家意见，最后仍由工程造价鉴定机构做出结论，不同意见应当如实记录在案。

3. 补充鉴定、重新鉴定

（1）补充鉴定。在鉴定过程中，鉴定人员也可能发现缺乏支撑鉴定的材料需要对材料进行补充，按补充流程从提出补充鉴定材料到鉴定人员收到鉴定材料又会耽搁鉴定时间，若在鉴定过程中频繁地发生补充资料的情况将可能直接导致鉴定工作的中断。所以鉴定过程中也会设置补充鉴定的程序。对委托人增加新的鉴定要求、发现有遗漏事项、补充新的鉴定资料等情形，以及鉴定人员因深入了解分歧因素后，发现问题需做出补充鉴定的，鉴定机构应做出补充鉴定意见。补充鉴定是原委托鉴定的组成部分，补充鉴定意见书中应注明与原委托鉴定事项相关联的鉴定事项；补充鉴定意见与原鉴定意见明显不一致的，应说明理由，并注明应采用的鉴定意见。

《建设工程造价鉴定规范》GB/T 51262—2017 对鉴定机构应进行补充鉴定进行了原则性的规定，具体内容包括：

1）委托人增加新的鉴定要求的；

2）委托人发现委托的鉴定事项有遗漏的；

3）委托人就同一委托鉴定事项又提供或者补充了新的证据材料的；

4）鉴定人通过出庭作证，或自行发现有缺陷的；

5）其他需要补充鉴定的情形。

（2）重新鉴定。工程造价鉴定过程中也会存在鉴定取证不规范活不完善的情形，此时需要进行重新鉴定。同时，《建设工程造价鉴定规范》GB/T 51262—2017 对需要进行重新鉴定进行了原则性的规定，具体内容包括：

1）鉴定人员不具备相关的鉴定资格；

2）鉴定程序严重违法；

3）鉴定结论意见明显依据不足；

4）工程造价咨询企业和鉴定人员按规定应回避而没有回避；

5）经过质证认定不能作为证据使用的其他情形。

（三）工程造价鉴定报告的编写

1. 内容

（1）案情概况：主要介绍建筑工程概况、施工合同及招投标情况，造价纠纷的原因，委托方及委托鉴定的要求等。

（2）鉴定依据：详细地列出鉴定所依据的基础资料，如施工合同、施工图纸、设计变更、现场签证、执行的计价依据、材料价格、现场勘验记录、案情调查会议纪要等。

（3）鉴定说明：即鉴定依据的说明，如采用的定额、取费类别、材料价格、施工形象进度等；对有争议部分的实质性问题，根据送鉴材料、现场勘验记录和有关政策规定客观地评价当事人双方各自应承担的责任。

（4）鉴定意见：根据鉴定要求，明确列出属于鉴定范围内的工程造价鉴定结论，并列出适合各专业造价、单方造价、主要材料消耗量的鉴定造价汇总表。

（5）附件：附件是鉴定文书的重要组成部分，用以详细说明论证鉴定的结果和分析说明，起到支撑鉴定意见的作用。根据《建设工程造价鉴定规范》GB/T 51262—2017 的规定，附件主要包括与鉴定意见有关的检验、测绘报告，案情调查中形成的记录，其他必要的资料和相关的图片、照片，司法鉴定机构司法鉴定许可证、鉴定人执业资格证书复印件等。附件附在鉴定文书的正文之后，并应按附件目录相同的编号进行编号和装订。

2. 文书的出具

根据《鉴定送达回证》中强调的，鉴定报告出具后不得撤销。鉴定机构和鉴定人发现所出具的鉴定意见存在严重错误的，应及时向委托人和有关办案机关做出书面说明。正式鉴定文书使用 A4 规格纸张打印制作。鉴定文书应根据委托人及当事人的数量和司法鉴定机构的存档要求确定制作份数，且鉴定文书制作完成后，应及时向委托人送达。

（四）工程造价鉴定人的出庭

《建设工程司法鉴定程序规范》SF/Z JD 0500001—2014 对工程造价鉴定人出庭的内容做出了规定，即鉴定人经人民法院依法通知，应当出庭作证，回答与鉴定事项有关的问题。因法定事由不能出庭作证的，经人民法院同意后可以书面或其他形式对鉴定事项的有关问题作出解释和说明。

对工程造价鉴定人出庭的一般要求为：

（1）鉴定人应当按时出庭；

（2）应携带相应资格证明，开庭时，应当出示；

（3）应携带已出具的有关鉴定报告等资料；

（4）由第一鉴定人负责应答审判人员的提问，其口头表达应依法准确、客观公正、重点突出、观点明确。

第三节　工程造价专家辅助人制度

21 世纪以来，我国司法实践中逐渐借鉴了英美法系的“专家证人”制度，将“有专门知识的人”的概念引入我国法律体系中，通俗来讲，就是所称的“专家辅助人”。本节主要围绕工程造价专家辅助人制度的渊源、工程造价专家辅助人制度的内涵、工程造价专家辅助人的权利与义务、专家辅助意见的证据属性等几方面进行分析。

一、工程造价专家辅助人制度的渊源

"专家辅助人"是在我国法学理论上约定俗成的一个概念，最早出现在1999年，当时我国的民事诉讼法学界对证据法的制定进行了一系列的讨论，为了走出鉴定制度的困境，将我国辅助当事人进行诉讼的专家称为"专家辅助人"。"专家辅助人"在我国的法律法规及司法解释中被称为"有专门知识的人"。

诉讼中越来越多地涉及对专门领域里的事实认定是国际民事诉讼中普遍遇到的问题，不同的国家和地区根据自身的文化传统和国情建立并发展起属于自己的专家制度。其中，与我国民事诉讼专家辅助人制度相似的专家制度有英美法系国家的专家证人制度、日本的诉讼辅佐人制度以及意大利的技术顾问制度等。2002年4月1日实施的《最高人民法院关于民事诉讼证据的若干规定》（法释〔2001〕33号）第六十一条就首次对"专门知识的人"即专家辅助人做出了规定，当事人可以邀请"有专门知识的人"出庭询问，而有关人数、费用负担以及在民事诉讼中的司法活动方式等也均需依据此规定执行。

同时，经2012年修正并实施的《民事诉讼法》第七十九条第一次将"专家辅助人"的概念写入法律，当事人可以申请人民法院通知有专门知识的人出庭，就鉴定人做出的鉴定意见或者专业问题提出意见。

最高人民法院于2015年发布的《最高人民法院关于适用〈民事诉讼法〉的解释》（法释〔2015〕5号）第一百二十二条和第一百二十三条则细化了上述的规定，对申请人的申请方式、证据类型、费用负担以及询问方式都做出了具体的规定。其中提出"具有专门知识的人"在法庭上就专业问题提出的意见视为当事人陈述，并提出"具有专门知识的人"参与民事诉讼程序的活动，包括了对鉴定意见进行质证、对案件事实所涉及的专业问题提出意见，以及当事人各自申请的"具有专门知识的人"可以就案件中的有关问题进行对质。

2019年，经最高人民法院修订并实施的《最高人民法院关于民事诉讼证据的若干规定》（法释〔2019〕19号）第八十三条又进一步规定，申请有专门知识的人出庭，当事人应当在申请书中"载明有专门知识的人的基本情况和申请的目的"。

建设工程案件往往会涉及专业而复杂的工程造价等方面的争议，在诉讼的过程中法官较难通过自身的裁判经验或一般常识直接进行判断，因而常常会涉及有关工程造价的司法鉴定。事实上，司法鉴定在民诉法上被定义为一种证据种类，即使其具有高度的专业性，但是经司法鉴定所形成的鉴定意见仍然需要经过充分质证后才能被依法认定。在推进以审判为中心的诉讼制度改革中，为了便于当事人对工程造价鉴定意见发表有针对性的专业意见，增强双方当事人的抗辩及质证能力，促进庭审实质化，工程造价专家辅助人制度应运而生。

在建设工程合同纠纷案件中，工程造价专家辅助人制度，既有利于增强当事人的诉讼力量，进而适应现代庭审的对抗制之需要，更有利于法官在工程造价专业人士的意见下达到兼听则明，摆脱对工程造价鉴定意见的过分依赖甚至盲从，从而做出科学的事实认定。其主要意义如下：

（1）弥补诉讼当事人在工程造价等知识储备上的不足，保障当事人的诉讼权利，均衡双方的诉讼力量，适应现代庭审的对抗制之需要。

（2）通过对工程造价专业问题的阐述，对工程造价鉴定意见的有效识别，有利于强化当事人的证明能力，辅助法官发现事实真相。

（3）以外部监督的方式鞭策工程造价鉴定人员为更好地面对专家辅助人的挑战与质疑而不断提高业务水平，增强工程造价鉴定的独立性和精准性。

现代诉讼中，科学证据扮演着越来越重要的角色，伴随着建设工程合同纠纷案件中工程造价专业性问题的日渐增多，法庭审判需要更多的工程造价专业人士的参与，工程造价专家辅助人在庭审中将会发挥更大的作用，这也使得工程造价专家辅助人成为造价工程师努力的方向之一。

二、工程造价专家辅助人制度的内涵

（一）专家辅助人的基本条件

根据现行的法律法规及司法解释，结合司法实践可以得出专家辅助人的含义，即在诉讼实践中，具备一定专业知识的人，依一方或双方当事人的申请并经受诉法院的准许，出庭参加诉讼，就案件中有关专业性问题解释说明或发表专业性意见并接受对质、询问的人。从专家辅助人的定义粗略来看，专家辅助人首先需要具备一定的专业知识，其次专家辅助人的出庭需要受诉法院的准许，最后专家辅助人应发表专业性意见并接受对质、询问。

专家辅助人的资质是对其业务能力、技能等综合专业素质的一种反映，对法官心证有一定的影响。例如，在行政诉讼领域，《最高人民法院关于行政诉讼证据若干问题的规定》（法释〔2002〕21号）第四十八条规定，由法庭决定专家辅助人是否可以出庭；在民事诉讼领域，《最高人民法院关于民事诉讼证据的若干规定》（法释〔2019〕19号）第八十四条规定，审判人员可以对有专门知识的人进行询问。经法庭准许，当事人可以对有专门知识的人进行询问，当事人各自申请的有专门知识的人可以就案件中的有关问题进行对质。以上两条规定是关于工程造价专家辅助人是否可以进入诉讼程序的主要规定。

由此可见，目前我国法律法规及司法解释对专家辅助人的资格认定缺乏具体的认定和判断标准，未明确要求专家辅助人具备相关职业资格证书及业绩证明。有的地方司法实践中也有尝试限定专家辅助人资格的做法。如浙江省高级人民法院发布的《浙江省高级人民法院关于专家辅助人参与民事诉讼活动若干问题的纪要的通知》（浙高法〔2014〕100号），但都没有实质性的突破。

综上，根据法律法规及司法解释，结合司法实践及相关定义，提出专家辅助人应当具备的四个基本条件：

（1）具备某领域的专业知识、经验技能、职称和执业资格等；

（2）由当事人向法院提出申请；

（3）受诉法院同意；

（4）就案件专门问题如实发表意见，并接受审判人员和当事人的询问和质证。

（二）工程造价专家辅助人的要求及作用

工程造价专家辅助人指在建设工程合同纠纷诉讼实践中，具备工程造价专业知识或技能的人，依一方或者双方当事人的申请并经受诉法院准许，出庭参加诉讼，就案件有关工程造价问题解释说明或发表专业意见并接受对质、询问的人。工程造价专家辅助人不但要有工程造价方面的专业知识，还需要依靠自身掌握的专门知识或特定技能辅助法官、当事人参加诉讼，工程造价专家辅助人的要求及作用如下：

（1）具备工程造价领域的专业知识或技能经验，如：长期从事工程造价一线工作，拥有丰富的实务经验和国家一级、二级注册造价工程师等相关职业资格证书。

（2）保障当事人的质证权，强化当事人主义因素，对工程造价鉴定意见进行充分有效的实质性质证，让己方当事人真正参与到质证程序中。

（3）强化当事人的证明能力，辅助法官发现事实真相。凭借工程造价专业知识对鉴定意见进行有效识别，强化当事人的证明能力，同时辅助法官发现建设工程案件的真实情况。

三、工程造价专家辅助人的权利与义务

建设工程纠纷案件围绕在工程造价方面面临着复杂的争议，允许工程造价专业人员作为专家辅助人参加民事诉讼，利用其在行业、专业的优势背景能够更好地解决专业问题，可以使审判更加客观、中立和科学。同时也能避免在建设工程纠纷诉讼案件中，因过分依赖工程造价司法鉴定的意见而出现“以鉴代审”的局面。

我国法律法规及司法解释中规定了部分工程造价专家辅助人的权利与义务，例如，《民事诉讼法》规定，专家辅助人可以就鉴定意见或者专业问题提出意见；《最高人民法院关于民事诉讼证据的若干规定》（法释〔2019〕19 号）要求专家辅助人在庭审过程中需要具备可以当庭进行对质、被询问等义务。

在我国“专家辅助人”概念不断发展的过程中，专家辅助人权利已经从一开始的对鉴定意见质证，逐步拓展至就案涉专业问题进行解释说明、发表意见、与对方专家辅助人进行对质等。工程造价人员的专业知识，是其作为工程造价领域的专业人员所熟知并掌握的知识、经验和技术，这使其能对司法鉴定意见的方法结论、程序规定做出专业性、合理性的判断。同时，工程造价专家辅助人就案件中的有关问题进行的对质，通过更加细致、充分地阐明观点，强化不具备深度专业知识储备的各方对于鉴定意见的鉴别判断能力，科学合理地解决双方当事人的争议与分歧。

专家辅助人在接受申请及职权机关准许参与诉讼的过程中，应当有进行诉讼行为不可或缺的权利与应当遵守履行的义务。一方面，法律赋予的相应权利是参与诉讼的前提，有利于其发挥专业作用，对于诉讼程序的顺利推进起到积极作用；另一方面，相应的义务承担也有利于诉讼程序的有效运行，避免申请方当事人的利益受损。不同于鉴定人，我国现行有效的法律及司法解释并未对专家辅助人的权利义务做出明确规定，但根据相关规定与地方司法实践的探索，工程造价专家辅助人应当具备以下权利与义务：

1. 工程造价专家辅助人享有的权利

（1）了解鉴定意见或者其他专门性问题的相关资料。充分了解案件情况、鉴定意见，是工程造价专家辅助人可以发挥专业能力的重要前提，面对建设工程纠纷案件，工程造价专家辅助人可以通过阅卷了解造价司法鉴定的意见或者其他专门性问题的相关资料。

（2）就鉴定意见进行质证。《最高人民法院关于适用〈中华人民共和国民事诉讼法〉的解释》（法释〔2020〕20 号）第一百二十二条规定：“有专门知识的人可以代表当事人对鉴定意见进行质证，即工程造价专家辅助人在参与司法实践的过程中，享有就鉴定意见进行质

证的权利。”

（3）就其他专门性问题进行说明、发表意见。根据《民事诉讼法》的相关规定，工程造价专家辅助人享有就其他专门性问题进行说明、发表意见的权利，能够针对案件涉及的专业性问题进行详细的分析论述，帮助审判人员查明案件客观事实，这一点是工程造价专家辅助人参与诉讼的核心权利。

（4）询问鉴定人。最高人民法院推行的《人民法院统一证据规定（司法解释建议稿）》第一百六十五条明确了在对于鉴定意见的质证中，专家辅助人可以对鉴定人进行交叉询问。工程造价专家辅助人可以询问鉴定人，这一权利对于削弱“以鉴代审”现象，避免不公鉴定具有重要意义。

2. 工程造价专家辅助人承担的义务

（1）独立、客观地发表意见，如实回答法庭及其他诉讼参与人的发问。根据《最高人民法院关于民事诉讼证据的若干规定》（法释〔2019〕19号）以及《最高人民法院关于适用〈中华人民共和国民事诉讼法〉的解释》（法释〔2020〕20号）的相关规定，人民法院可以对出庭的具有专门知识的人进行询问；工程造价专家辅助人要就专业问题以及对鉴定意见的质疑向法庭进行详尽的说明；在维护当事人合法利益的同时也要遵守职业道德，不得以专业为由进行虚假陈述，应做到独立、客观地发表意见；对于审判人员和当事人的询问应如实回答，不得有意误导审判者得出错误的结论，要做“法庭的专家辅助人”，而非“当事人的专家辅助人”。

（2）仅在专业范围内提供专业意见。《最高人民法院关于民事诉讼证据的若干规定》（法释〔2019〕19号）以及《最高人民法院关于适用〈中华人民共和国民事诉讼法〉的解释》（法释〔2020〕20号）做出了明确的规定，具有专门知识的人不得参与专业问题之外的法庭审理活动。专家辅助人负责对专业问题进行论述，提供专业意见。将工程造价专家辅助人的活动限制在专业范围内，可以避免其意见僭越法官对案件的审判权。庭审过程中，在审判人员对涉及专门性问题的事实调查结束后，工程造价专家辅助人即应退出审判区，且不得干扰除专业范围以外的庭审过程。

（3）不得在同一案件中同时担任双方当事人的专家辅助人。2008年，最高人民法院曾发布《人民法院统一证据规定（司法解释建议稿）》，该文件对于工程造价专家辅助人提出了一个基本原则，即工程造价专家辅助人起到辅助一方当事人的作用，只能与该方当事人或者诉讼代理人共同出庭，不能在同一案件中同时担任双方当事人的专家辅助人。

（4）保守秘密。工程造价专家辅助人在参与诉讼的过程中，应当遵守法庭纪律、按时出庭，保守诉讼中知悉的国家秘密、商业秘密、个人隐私。

工程造价专家辅助人不但要正确行使上述权利，自觉履行相关义务，还需要讲求一定的艺术，努力化解当事人之间的矛盾，减轻双方的诉讼负担，节约司法资源。

四、专家辅助人意见的证据属性

工程造价专家辅助人在诉讼中主要起辅助性的作用，助力当事人对工程造价鉴定意见发表有针对性的专业意见。鉴定意见被定义为民事诉讼的一种证据种类，在审判人员缺乏专门知识时需要鉴定人的帮忙，具有高度的专业性和强力的证据效力，但这往往也会形成审判人员综合分析证据的障碍，以及给对方当事人反驳该鉴定意见带来举证的困难。实践中当事人往往因不满、异议要求重新鉴定，而诉讼效率也随之降低。在此背景下，当事人需要聘请专家辅助人与鉴定人进行对质，这既保证了证据当庭质证的程序性要求，也提高了当事人的举证能力，有助于实现双方当事人就工程造价鉴定问题进行平等、专业的对话。那么，工程造价专家辅助人所发表的意见，究竟是否可归属于证据？又属于哪一证据种类呢？

根据现行法律及司法解释可知，专家辅助人所发表的意见被视为当事人的陈述。《民事诉讼法》第六十三条的相关规定，当事人的陈述属于法定证据种类之一，故而工程造价专家辅助人的意见也应当作为一种法定证据种类。

我国的专家辅助人制度初现于《最高人民法院关于民事诉讼证据的若干规定》（法释〔2001〕33 号），该意见未明确赋予专家辅助人意见的证据效力，专家辅助人意见亦未被纳入法定证据种类。

《最高人民法院关于适用〈中华人民共和国民事诉讼法〉的解释》（法释〔2015〕5 号）第一百二十二条规定，具有专门知识的人在法庭上就专业问题提出的意见，视为当事人的陈述，该条将专家辅助人意见视作当事人的陈述，给予其拟定的法律地位，这其实是将专家辅助人意见作为当事人意见的延伸。之后，经最高人民法院对该司法解释修订后，此条款仍得以保留。

根据《民事诉讼法》的相关规定，证人证言指证人就自己所知道、经历的与案件有关的情况向司法机关所做的陈述；鉴定意见指鉴定人运用科学技术或者专门知识对诉讼涉及的专门性问题进行鉴别和判断并提供鉴定意见的活动，其实质是一种证人证言；而专家辅助人由当事人的聘请并经法院准许，依据自己的专业知识及技能出庭，对案件事实所涉及的专门性问题进行说明或发表意见及评论，对当事人起到辅助作用，其意见视为当事人陈述。由于当事人的陈述的证据效力较低，且专家辅助人受聘于申请人而非法院指定，所以专家辅助人意见的证明力通常低于鉴定意见和证人证言。

第四节　工程造价执业责任制度

在工程造价咨询企业资质取消的大背景下，行政监管部门在放开工程造价咨询市场准入的同时，进一步强化工程造价执业人员的主体责任制度。工程造价执业人员开展工程造价咨询业务，是其通过自身专业能力所做出的关于工程造价相关的咨询成果，不但会涉及司法活动各方当事人的利益，还要受到法律法规的约束，会产生相应的执业风险和法律责任。工程造价咨询从业人员必须学会采取必要的措施防范和控制执业风险，避免或减少法律责任，从而降低出现损失的可能。

一、工程造价活动的监督管理新格局

2021 年以来，为了深化“放管服”改革、优化营商环境，持续推进“证照分离”改革进程，国务院颁布了《关于深化“证照分离”改革进一步激发市场主体发展活力的通知》（国发〔2021〕7 号，以下简称“7 号文”），直接取消了工程造价咨询企业资质审批，使工程造价咨询企业实行市场化的经营管理，这一举措属于工程造价领域的里程碑。

在国务院颁布“7 号文”后，住房和城乡建设部门为了落实相关工作，颁布了《关于取消工程造价咨询企业资质审批加强事中事后监管的通知》（建办标〔2021〕26 号，同时提

出，在取消原有的工程造价咨询企业资质审批管理制度的基础上，需要构建以政府主导、企业自治、行业自律、社会监督的协同监督管理新格局。其中，企业自治是企业通过制定内部文件，规范其自身行为准则的方式。下面简要叙述政府主导的监督管理、行业自律管理、社会监督管理。

（一）政府主导的监督管理

在工程造价领域监督管理方式改革的大背景下，政府为落实放管结合的要求，健全审管衔接机制，需要加强工程造价领域事中、事后的监管，依法履行监管职责。

住房和城乡建设部门仍然应当在其原有的职权范围内，行使工程造价咨询企业的监督管理工作。例如，根据法律法规的规定，对给予回扣、恶意压低收费等方式进行不正当竞争，转包承接的工程造价咨询业务等行为做出行政处罚。同时，还应当不断创新监管手段，全面推行“双随机、一公开”监管，根据企业信用风险分类结果实施差异化监管措施，及时查处相关违法、违规行为，并将监督检查结果向社会公布。

（二）行业自律管理

中国建设工程造价管理协会（简称中价协，英文名称 China Cost Engineering Association，缩写为 CCEA）是由工程造价咨询企业、注册造价工程师、工程造价管理单位以及与工程造价相关的建设、设计、施工、教学、软件等领域的资深专家、学者自愿结成的全国性、行业性社会自律团体，其在规范工程造价咨询行业执业行为、推动行业诚信建设等方面发挥着桥梁和纽带的作用，同时在推动这工程造价咨询行业的良性发展。

中价协对其会员单位从事工程造价咨询业务活动有着监督管理的职能，其对违法违规的会员单位，可视情节给予提醒谈话、警告、责令检讨、通报批评、公开谴责等惩戒，并将其不良行为记入信用档案对社会公布。同时，对于行为较为良好、对行业做出突出贡献的会员单位也会给予肯定，并进行行业推介。

（三）社会监督管理

社会监督管理，通常是指社会公众、团体组织、大众媒体等社会力量，以法律和社会及职业道德规范为准绳，对某些行为规范的合法合规性进行监督的行为。在工程造价领域，一般来讲是指从事工程造价咨询业务的单位、需求单位等对领域内的相关单位开展工程造价活动的监督。社会监督具有广泛性、标志性等特征。

社会监督管理是我国不断扩大公众参与范围，引导社会力量参与监督的方式。其鼓励社会力量通过批评、建议、检举、揭发、申诉、控告等基本方式进行监督，最终达到提高监督实效的目标，促使工程造价领域形成良性发展。

二、工程造价执业风险

（一）工程造价执业风险的类别

工程造价业务贯穿工程建设项目始终，工程建设项目各个阶段都存在工程造价活动，例如：项目可行性研究、投资估算、初步设计概算、招标控制价、竣工结算等。为此，工程造价咨询企业和人员在开展工程造价活动的每个阶段都要承担着风险。从工程造价咨询企业和人员的角度来讲，执业风险存在内部风险和外部风险。

1. 内部风险

工程造价咨询企业和人员所面临的内部风险包括专业能力、行为规范、职业操守等。工程造价作为专业的业务领域，需要工程造价咨询企业和人员基于项目基础资料，给出客户单位所需的结果。在具体工作过程中，工程造价咨询企业和人员的专业能力、行为规范、职业操守等均是十分重要的衡量指标。上述衡量指标均影响着其提供的结果的精准度。所以，若因上述内部风险导致结果错误，进而引发争议的，需要其承担相应责任。

2. 外部风险

工程造价咨询企业和人员所面临的外部风险包括法律政策风险、行业规范风险等。工程造价执业活动，是在大的市场环境下，结合国家发布的相关法律法规、行业规范实时地为客户单位提供工程造价服务。为此，在上述外部风险因素发生变化时，工程造价咨询企业和人员可能面临相应的风险。

（二）工程造价执业风险的防范方式

1. 内部风险的防范方式

工程造价咨询企业和人员的内部风险往往是执业者自身原因所造成，因此，工程造价咨询企业和人员应当遵守职业操守、加强专业能力和行为规范的学习。

2. 外部风险的防范方式

由于工程造价咨询企业和人员的外部风险随着不同政策的发布、市场环境的影响，存在不确定性。因此，无法进行预判并进行合理防范。为此，目前防范外部风险较为有效的方式，是采用工程造价咨询企业和人员职业责任保险的方式。该种方式主要是在上述企业和人员承办工程造价咨询业务时，聘用第三方保险公司，为其开展的工程造价咨询业务提供保险。在实际开展业务过程中，若出现了保险条款范围内的外部风险，则由保险公司对客户单位承担相应损失赔偿责任。

三、法律责任

在司法活动中，开展工程造价咨询业务的人员，其通过自身专业能力所做出的关于工程造价相关的咨询成果，不但会涉及司法活动各方当事人的利益，还要受到法律法规的约束。例如，在诉讼过程中，若出现工程造价咨询业务人员作伪证的情形，人民法院可以根据情节轻重，予以训诫、责令具结悔过或者处罚款、拘留等处罚。由于民事、行政诉讼法对上述行为的处罚较为明确，本章不再赘述。

本章的法律责任主要是指提供伪造工程造价咨询成果构成犯罪所承担的刑事法律责任、违法违规执业造成的行政法律后果、因故意或者重大过失行为给当事人造成损失的民事法律后果。

（一）因故意或者重大过失行为给当事人造成损失的民事法律后果

《民法典》作为调整平等主体的自然人、法人和非法人组织之间的人身关系和财产关系的法典，其在合同、侵权责任部分均对因故意或者重大过失给相对方造成损失的情形做了原则性规定，此种情况下，若合同相对方或侵权人给另一方造成了损害，其应当承担赔偿。司法实践中，上述情形属于合同和侵权责任的竞合，主张何种责任可由当事人根据实际情况自行选择。

具体到司法实践活动中，工程造价咨询机构或业务人员所做出的成果文件，是建立在充分的科学数据和客观事实基础上的实证性判断文件，即不同的机构或业务人员只要运用统一的规则，所获得的结论应当基本一致。虽然工程造价咨询机构或业务人员作为辅助角色参与司法活动。但是，若工程造价咨询机构或业务人员在执业活动中，因故意或者重大过失行为给当事人造成损失的，由其所在的工程造价咨询机构依法承担民事（合同或侵权）赔偿责任。在工程造价咨询机构对外承担赔偿责任后，可内部追偿相关业务人员。

（二）违法违规执业造成的行政法律责任

工程造价咨询从业人员参与司法活动，从专业能力的角度，需要受到住房和城乡建设部门以及专业领域范围内具有管辖权的行政机关的监督：住房和城乡建设部门以及专业领域范围内具有管辖权的行政机关作为对各专业注册造价工程师的执业活动实施监督管理的行政机关，其在职权范围内行使监督管理职责时，对发现的违反专业工程造价咨询业务领域行政管理秩序的公民、法人或者其他组织，会做出相应的行政处罚，具体而言就是以减损权益或者增加义务的方式予以惩戒。

根据《注册造价工程师管理办法》第二十条、第三十六条的相关规定，若注册造价工程师出现以下行为的，则会给予警告，责令改正，没有违法所得的，处以 1 万元以下罚款，有违法所得的，处以违法所得 3 倍以下且不超过 3 万元的罚款：

（1）不履行注册造价工程师义务。

（2）在执业过程中，索贿、受贿或者谋取合同约定费用外的其他利益。

（3）在执业过程中实施商业贿赂。

（4）签署有虚假记载、误导性陈述的工程造价成果文件。

（5）以个人名义承接工程造价业务。

（6）允许他人以自己名义从事工程造价业务。

（7）同时在两个或者两个以上单位执业。

（8）涂改、倒卖、出租、出借或者以其他形式非法转让注册证书或者执业印章。

（9）超出执业范围、注册专业范围执业。

（10）法规、规章禁止的其他行为。

（三）提供伪造工程造价咨询成果构成犯罪的刑事法律后果

工程造价咨询业务作为专业领域机构或人士出具的专业意见，在司法活动中，往往能够引导相关人员对于案件的判断，其一般均作为重要材料。若工程造价咨询从业人员就案件提供伪造的成果文件，以达到影响案件判决的目的，则属于严重扰乱司法裁判的情形。

在民事诉讼、行政诉讼中，若出现伪造重要材料等情形，构成犯罪的，则可能会承担刑事责任。在刑事诉讼中，若出现故意做出虚假证明、鉴定等情形的，则会直接承担刑事责任。通常来讲，法院在认定事实清楚的情况下，会对相关人员处以三年以下有期徒刑或者拘役；情节严重的，处三年以上七年以下有期徒刑。

注：伪证罪：《中华人民共和国刑法》第三百零五条规定：“在刑事诉讼中，证人、鉴定人、记录人、翻译人对与案件有重要关系的情节，故意作虚假证明、鉴定、记录、翻译，意图陷害他人或者隐匿罪证的，处三年以下有期徒刑或者拘役；情节严重的，处三年以上七年以下有期徒刑。”

第二章　工程造价中容易混淆的十五对法律专业概念

本章以《中华人民共和国建筑法》（以下简称《建筑法》）、《中华人民共和国民法典》（以下简称《民法典》）、《中华人民共和国招标投标法》（以下简称《招标投标法》）、《中华人民共和国价格法》（以下简称《价格法》）、《最高人民法院关于审理建设工程施工合同纠纷案件适用法律问题的解释（一）》［以下简称《建设工程合同司法解释（一）》］等法律为依据，对工程造价审核或造价鉴定时容易混淆的十五对概念进行解读。

一、政府定价与工程造价

（一）概念简述

当今中国的价格体系由政府定价、政府指导价和市场价组成。政府定价按政府确定的绝对数执行；政府指导价由政府确定的一个绝对数，但允许当事人在一定幅度进行合意。某一商品或服务的价格若是政府定价或政府指导价，在定性上必须属于关系到国计民生或稀缺垄断等的商品或服务这一必要条件；在程序上必须被列入国家或地方的定价目录中这一充分条件。

而工程造价是指承包人保质完成物化劳动按约定计价方式，有权要求发包人支付相应对价的价款。包括签订合同时承包范围内工程造价和履行合同时工程变更的工程造价。工程造价直接影响工程价款的形成，工程价款除了工程实体造价外，还包括工程索赔款、违约赔偿款、其他款项。

（二）根本区别

当今中国的经济形态是社会主义市场经济，而市场经济的本质之一是由市场竞争决定价格。因此，当今中国价格体系中，除极少数的商品或服务是采用政府定价或政府指导价外，其余的绝大多数的价格均属于市场价。鉴于工程项目建设及供求状态的不确定，各地区和各行业的工程造价难以制定统一的政府价或政府指导价，因此，工程造价不属于政府定价或政府指导价，而属于价格体系中的市场价。

市场价由双方合意形成，原则上法律不予干涉。即便是强调质量与安全的《建筑法》体系，对于工程造价的形成原则上也要求合理竞争且不得低于成本价，而若是政府定价，则按政府确定的数额执行；若是政府指导价，则允许在政府确定的数额一定幅度内执行。若不执行政府定价或不按规定执行政府指导价的，相应的行政主管部门可以责令其改正，没收违法所得，处以相应的罚款，甚至于停业整顿，反之，若是市场价而予以干涉，本质上就是侵犯当事人的民事权利。

价格的属性由最终进行交易的标的物决定，与其组成的基础价格的属性无关。故工程造价组成的某些基础价格可能是政府定价或政府指导价，但这不影响工程造价的市场价属性。例如，电视机是市场价，但是其组成中的水、电等可能是政府定价，但不影响其市场价的属性。

工程造价既不具备政府定价或政府指导价所需要的必要条件，也不满足其充分条件。同时鉴于工程项目建设及供求状态的不确定，工程造价也很难制定统一的政府价或政府指导价，故工程造价不属于政府定价或政府指导价，归类于价格体系中的市场价范畴较为合适。

（三）笔者提醒

（1）工程价款按约定执行，该约定要内容合法、程序合规，即该招标的必须招标，遵守法律相关规定；实体上要合法，不得低于成本价。

（2）若没有约定或约定不明，则可按通过协商达成的合法的补充协议执行。不能达成补充协议的，则按交易习惯执行，再不能确定的，按当时当地的市场价确定。

（四）主要法条

（1）《价格法》第三条：

"国家实行并逐步完善宏观经济调控下主要由市场形成价格的机制。价格的制定应当符合价值规律，大多数商品和服务价格实行市场调节价，极少数商品和服务价格实行政府指导价或者政府定价。

市场调节价，是指由经营者自主制定，通过市场竞争形成的价格。

政府指导价，是指依照本法规定，由政府价格主管部门或者其他有关部门，按照定价权限和范围规定基准价及其浮动幅度，指导经营者制定的价格。

政府定价，是指依照本法规定，由政府价格主管部门或者其他有关部门，按照定价权限和范围制定的价格。"

（2）《价格法》第三十九条：

"经营者不执行政府指导价、政府定价以及法定的价格干预措施、紧急措施的，责令改正，没收违法所得，可以并处违法所得五倍以下的罚款；没有违法所得的，可以处以罚款；情节严重的，责令停业整顿。"

（3）《建设工程合同司法解释（一）》第十九条第一款：

"当事人对建设工程的计价标准或者计价方法有约定的，按照约定结算工程价款。"

二、合同价格与变更价格

（一）概念简述

合同价格，或称合同造价，是承包人完成承包范围内所形成的物化劳动，依据建设工程合同的约定有权要求发包人支付的对价。合同造价所对应的时点是签约的静态时点，且通常经过较长时间的磋商。而磋商的方式可能是直接合意，也可能是招标合意。理论上而言，在未签订合同之前不形成合意。

变更价格，或称变更造价，是承包人完成工程变更所形成的物化劳动，依据工程签证有权要求发包人支付的对价。变更造价所对应的时点是履约的动态时点，且通常先由承包人根据发包人的指令执行后由发包人签发变更签证从而确定承包人权益的量化。此时，承发包双方已形成合同关系。

（二）根本区别

建设工程主要特点之一是过程的不确定性和结算的唯一性。因此，工程造价往往包括签约时点所对应的承包范围内的工程造价和履约时所对应的工程变更的工程造价。由于两者所对应的时空不同、确定时的状态和方式不同，理论上不应将前者的计价方式等同于后者。

1. 两者对应前提并非相同

合同造价是在确定的承包范围和承包内容下的明确合意。变更造价则针对合同履行过程中发包人发出的变更指令等，如果双方对此无明确合意，需由承包人履行后由发包人签证确定的工程造价。因此，二者的前提并非相同。

2. 两者的计价方式并非等同

由于合同造价和变更造价所对应的前提并非相同，确定时的状态也不同，确定方式也不同。因此，原则上，两者的计价方式并非等同。前者按合同合意计价，而后者主要遵循发包人的签证计取。若没有约定，则双方的计价或计价方式均按当地或行业的行政管理部门出具的定额或颁布的中准价执行。

3. 若双方合意可以约定等同

工程造价属于市场价，原则上遵循“有约定按约定，无约定按法定”。若有约定，则按双方合意进行计价，行政单位不得干涉。而即便是法律，也仅能在其立法权限范围内进行规定，通常这种规定也并非一定具有强制性的。因此，在非合意文件中规定两者相同是不合适的，但若双方一致同意，变更造价的计价按合同造价的计价执行则另当别论。

（三）笔者提醒

（1）施工承包合同对工程计价方式或确定形式的约定并不当然适用于工程变更所引起的工程款追加。

（2）施工承包合同中，对承包范围内外的计价方式或确定形式均应明确。如果对承包范围外的工程变更部分未约定，一般情况下可参照订立施工合同时的当地建设行政主管部门发布的计价方式或计价标准结算。

（四）主要法条

(1)《民法典》第八百零五条：

“因发包人变更计划，提供的资料不准确，或者未按照期限提供必需的勘察、设计工作条件而造成勘察、设计的返工、停工或者修改设计，发包人应当按照勘察人、设计人实际消耗的工作量增付费用。”

(2)《建设工程合同司法解释（一）》第十九条第（二）款：

“因设计变更导致建设工程的工程量或者质量标准发生变化，当事人对该部分工程价款不能协商一致的，可以参照签订建设工程施工合同时当地建设行政主管部门发布的计价方法或者计价标准结算工程价款。”

(3)《建筑工程施工发包与承包计价管理办法》第十四条：

“发承包双方应当在合同中约定，发生下列情形时合同价款的调整方法：

（一）法律、法规、规章或者国家有关政策变化影响合同价款的；

（二）工程造价管理机构发布价格调整信息的；

（三）经批准变更设计的；

（四）发包方更改经审定批准的施工组织设计造成费用增加的；

（五）双方约定的其他因素。”

三、工程索赔与违约赔偿

（一）概念简述

工程索赔指承包人在履行建设工程合同过程中，非因己方原因造成成本增加（包括时间成本和费用成本）而有权向发包人要求经济补偿和（或）工期顺延要求的行为。根据索赔内容的分类，工程索赔可分为费用索赔和工期索赔两类。

违约赔偿是建设工程合同的当事人未按合同履行义务或虽按合同履行义务但不符合要求造成守约方损失，守约方要求违约方承担违约赔偿的责任。守约方主要可以就以下两项内容要求违约赔偿：

（1）实际损失。违约方的违约行为造成守约方已发生的实际损失，例如，延期支付的利息，延期竣工的发包人多支付的费用等。

（2）预期利润。预期利润是指由于违约行为而造成守约方应当得到的利益不能得到，但是，原则上不得超过违约一方订立合同时预见到或者应当预见到的因违约可能造成的损失。

（二）根本区别

工程索赔与违约赔偿是两个不同概念，切忌等同。索赔款是基于“得利者适当补偿”原则，由以后的所有权人给予债权人的补偿，而赔偿款则基于发包人不按或不履行合同约定履行而承担的不利后果。并且，索赔款和赔偿款的具体计取标准也是不同的。

1. 引起的原因不同

索赔原因并非一定在于发包人违约。只要不是承包人自己原因导致的，为该工程多花费的成本（如时间成本或其他成本）均可向发包人提出工程索赔，而“非自身原因”可能是第三人原因，可能是不可抗力事件，也可能是发包人不属于违约的正当行为。

而违约赔偿的原因一定是发包人的原因引起，并且是因发包人不履行合同义务或履行合同义务不符合要求的原因而引起的。

2. 主要的依据不同

工程索赔理由主要源自行业惯例。行业惯例是中国法律的非正式渊源之一，是指某一行业经过大量案件和各种事件所形成的一种约定俗成的“规矩”，一般具有明显的行业性和专业性，目的在于保障该行业的公平合理。由于建设工程过程中的不确定性和专业性从而形成了工程索赔。无论在国际咨询工程师联合会（FIDIC）和英国联合合同员会（JCT）合同体系中，还是在英国土木工程师学会（ICE）和美国建筑师学会（AIA）合同中，均有工程索赔的相关规定。

违约赔偿的依据主要是来自双方的约定，即以双方约定作为判断的标准，未达到或超标都是违约，若违约造成损失就存在违约赔偿的问题。

3. 包括的范围不同

工程索赔的范围包括费用和工期。而费用的索赔只能索赔实际发生的费用，不包括预期利润，需要特别强调的是，该费用不等于工程造价。工程造价是针对物化劳动的计价，包括人、材、机等费用，而索赔费用仅针对为特定事件所花费的费用。

而违约赔偿不仅能要求实际损失，还可以主张预期利润，只是守约方要证明该预期利润是违约方知道或应当知道的。

（三）笔者提醒

（1）违约赔偿包括预期利润和实际损失。首先，不要遗漏预期利润；其次，预期利润不等于工程造价；最后，若承包人需要主张预期利润，则应当证明发包人在订立建设工程合同时已经预见或应当预见。建议承包人在报价中予以明确。

（2）工程索赔是承包人的一种权利。若取得了发包人相应签证，原则上按签证主张；若没有发包人签发的相应签证，原则上并不是没有该权利，承包人若在诉讼中主张，也有可能被法院支持。

（四）主要法条

（1）《民法典》第五百八十四条：

“当事人一方不履行合同义务或者履行合同义务不符合约定，造成对方损失的，损失赔偿额应当相当于因违约所造成的损失，包括合同履行后可以获得的利益；但是，不得超过违约一方订立合同时预见到或者应当预见到的因违约可能造成的损失。”

（2）《建设工程合同司法解释（一）》第十条：

“当事人约定顺延工期应当经发包人或者监理人签证等方式确认，承包人虽未取得工期顺延的确认，但能够证明在合同约定的期限内向发包人或者监理人申请过工期顺延且顺延事由符合合同约定，承包人以此为由主张工期顺延的，人民法院应予支持。

当事人约定承包人未在约定期限内提出工期顺延申请视为工期不顺延的，按照约定处理，但发包人在约定期限后同意工期顺延或者承包人提出合理抗辩的除外。”

四、抗辩行为与违约行为

（一）概念简述

通俗地说，抗辩行为是指按约定应当履行义务但履行义务的条件或基础不具备导致中止履行的行为，该中止履行并非违约行为而是行使合法权利的行为，不宜教条地认为不履行合同义务就是违约行为。

因签约双方的权利和义务是建立在签约时静态时点状态下，但合同履行过程中这一静态时点的状态可能会被打破，导致签约时约定的义务不具有履行的前提，则该不履行并非一定违约。例如，双务合同中，若先履行方不履行合同义务，可能是其在行使“不安抗辩权”，而后履行方不履行合同义务，也可能是其在行使“先履行抗辩权”。

违约行为则应当具备以下条件：其一，具有“应当履行”的前提；其二，存在“违约”的行为，违约行为包括不履约或虽履行但结果不符合约定的要求。

同时，违约不同于侵权。原则上，无须考虑主客观要件，只要不履行应当履行的义务或履行不到位均是违约。违约通常也不考虑客观原因，即不考虑通常概念上的风险以及产生原因，即便这一违约行为是由于第三方原因造成的。

（二）根本区别

违约是该做未做，或该做已做但做的结果不符合要求。因此，违约的前提在于是否该做，或虽然做了但是做的结果不符合要求。而判断是否该做或虽做了但结果不符合要求的标准原则上是双方的约定。

而由于合同的订立是在某一静态前提下的，而合同的履行是一个动态过程。当动态过程发生违背签约时的静态前提的情况时，原来该做的就可能变为不该做的，而此时的未做就不是“违约”。这就是抗辩权的理论基础。笔者认为，在《民法典》中比较明显能体现动态性的就是抗辩权制度。抗辩权制度的本质在于，约定履行的前提被打破则该约定的义务可以中止履行，从而避免损失的发生，以达到维持当事人之间平衡的目的。

抗辩权主要发生在双务合同中，而双务合同的抗辩权可分为两类。一类是双方义务履行无顺序的同时履行抗辩权，另一类是双方义务履行有顺序下的先履行一方具有的不安抗辩权和后履行一方具有的先履行抗辩权。建设工程合同是先由承包人按时保质地完成建设工程，后由发包人按时足额支付工程价款的有履行顺序的特殊双务承揽合同。因此，通常情况下，承包人具有不安抗辩权，而发包人具有先履行抗辩权。由于顺序是比较而来的，故这种承发包方所具有的抗辩权是可能被转换的，例如，若承包人按时完成一个节点的建设工程，而发包人未按约定支付相应工程进度款的。此时，承包人就应当具有先履行抗辩权。

因为建设工程项目具有不确定性，故其签订合同时的静态前提较之其他合同更容易被打破，也导致适用抗辩权的可能性更大。另外，不安抗辩权设定的适用条件比较苛刻。

（三）笔者提醒

（1）实务中，建设工程合同中经常遇到先履行抗辩权的适用问题。故，只要足够谨慎，使用法定的抗辩权即可以做到损失不出现，从而最大限度地保证自己的合法权益。双方应充分理解和使用法定的抗辩权，尽可能事前在合同中约定明确。

（2）要注意建设工程中不可撤销无条件保函的问题，处理不好可能相当于间接影响建设工程合同法定抗辩权的使用效果。

（四）主要法条

（1）《民法典》第五百七十七条：

“当事人一方不履行合同义务或者履行合同义务不符合约定的，应当承担继续履行、采取补救措施或者赔偿损失等违约责任。”

（2）《民法典》第五百二十八条：

“当事人依据前条规定中止履行的，应当及时通知对方。对方提供适当担保的，应当恢复履行。中止履行后，对方在合理期限内未恢复履行能力且未提供适当担保的，视为以自己的行为表明不履行主要债务，中止履行的一方可以解除合同并可以请求对方承担违约责任。”

(3)《民法典》第五百八十四条:

“当事人一方不履行合同义务或者履行合同义务不符合约定，造成对方损失的，损失赔偿额应当相当于因违约所造成的损失，包括合同履行后可以获得的利益；但是，不得超过违约一方订立合同时预见到或者应当预见到的因违约可能造成的损失。”

五、变更签证与索赔签证

（一）概念简述

工程变更签证是指发包人对承包人因承包范围内数量、内容、工艺、材料等的改变而提出的对价或工期顺延的认可。可以说，工程变更签证是工程造价由静态变为动态的情形之一。

工程索赔签证是指发包人对承包人因合同履行过程中因非承包人原因导致建造状态发生变化而提出增加费用或工期延长的认可。工程索赔签证中的顺延签证则是判断工期延长的根本依据。而索赔费用签证则是索赔款计算的依据。

（二）根本区别

“建造过程的不确定性特点”是建设工程产生工程签证的根本原因。而无论是工程变更签证还是工程索赔签证，其本质上均是发包人认可承包人权利的量化凭证。必须明确的是，权利的最终实现具有法定属性，即使对方并不同意，也并不意味权利的必然丧失。因此，不签证不必然等于承包人没有该权利，当事人完全可以通过法律途径解决争议问题。也因此，《建设工程合同司法解释（一）》明确，即便没有工程签证，只要有其他证据能够证明承包人获得该权利的，法院均应予以支持。

没有变更签证，但实际已完成工程变更内容的，只要承包人提出其经由发包人同意或要求方进行施工的证据，且该证据符合要件三性，承包人就有取得变更工程相应价款的权利。在定性确定权利的前提下，具体定量按变更工程时点的市场价格确定，一般认为是定额出具的中准价。同样，即便没有索赔签证，只要承包人提供在约定时间向发包人主张权利的证据且索赔事项合法合理，承包人索赔权就应当得到支持。索赔签证包括对应的费用签证和工期签证。前者仅为实际损失而不包括预期利益，后者需要原因依据和关键线路依据。

一般情况下，变更签证所对应的是工程造价，是承包人物化劳动的对价；索赔签证所对应的是损失类费用，顺延签证对应的是天数。

（三）笔者提醒

（1）若工程签证合法有效，原则上应按工程签证计算相应工程变更下的价款。即便该价款与承包范围内价格相差较大，也应当遵守，除非能够证明其明显失公平且得到法院支持。

（2）若没有形成发包人签署的工程签证，只要承包人能够证明其同意施工或索赔事项确实存在且提出过，则发包人应当支付相应工程价款（或费用）。故，承包人不仅应对工程签证予以重视，对其他细节证据同样应予以重视。

（3）无论工程变更签证还是工程索赔签证，本质上均是发包人认可承包人权利的量化依据。因此，未签署工程签证不必然代表发包人可以不支付工程价款或索赔费用。

（四）主要法条

(1)《建设工程合同司法解释（一）》第十条：

"当事人约定顺延工期应当经发包人或者监理人签证等方式确认，承包人虽未取得工期顺延的确认，但能够证明在合同约定的期限内向发包人或者监理人申请过工期顺延且顺延事由符合合同约定，承包人以此为由主张工期顺延的，人民法院应予支持。

当事人约定承包人未在约定期限内提出工期顺延申请视为工期不顺延的，按照约定处理，但发包人在约定期限后同意工期顺延或者承包人提出合理抗辩的除外。"

(2)《建设工程合同司法解释（一）》第二十条：

"当事人对工程量有争议的，按照施工过程中形成的签证等书面文件确认。承包人能够证明发包人同意其施工，但未能提供签证文件证明工程量发生的，可以按照当事人提供的其他证据确认实际发生的工程量。"

六、总包管理与总包配合

（一）概念简述

在实务中，分包的工程价款正常结算是总承包人与分包人进行结算。若发包人直接与分包人进行结算，则产生总包管理费的概念。总包管理费的实质是总承包人在履行分包工程项目总包义务时，收取的除直接工程费以外的其他工程价款。

在实务中，发包人在建设工程总承包的前提下，往往会对某些工程项目另行直接发包，则产生了总包配合的概念。总包配合费的实质是施工总承包人履行约定的施工现场的配合义务，由发包人支付的给提供配合义务的总承包人的对价。

（二）根本区别

从建设工程造价的组成来看，没有单独的所谓总包管理费。在实务中，分包的工程价款的结算往往有两种方式：其一是施工总承包人与施工分包人结算。根据合同的相对性，这是一种常态的结算方式。先由发包人与施工总承包人进行结算，再由施工总承包人与分包人进行结算。这种结算方式中合同价款不存在总包管理费这一项。其二是发包人与分包人直接结算。这种结算方式使得总承包人既履行总包义务，又剥夺总承包分包项目总包价与分包价的差价的权利，因此，发包人必须支付"总包管理费"，也就产生了"总包管理费"这一概念。

如上所述，总包管理费的实质是总承包人在履行分包工程项目总包义务时，收取的除直接工程费以外的其他工程价款。但是，总承包人无论收取的总包管理费的数额多少，比率多少，仍需要对分包的工程质量和施工安全承担连带责任。

而由于建设工程承发模式的多样性，发包人在建设工程总承包的前提下，往往会对某些工程项目进行直接发包。向直接发包的工程项目提供配合条件的施工现场是发包人的法定义务。由于履行该法定义务需要总承包人配合，故此时的总承包人通常取工程造价的 2% ~ 5% 作为配合费。因此，总包配合费的实质是因施工总承包人履行约定的施工现场配合义务而由发包人支付的对价。

此时，收取总包配合费的总承包人仅对配合义务承担责任。原则上，不可能也不应当对发包人直接发包的项目的工程质量和施工安全承担责任，更不应当承担连带责任。但在实务中，总承包人除了履行总包配合义务外，往往还会将该项目的资料一并收集予以备案。故，无论总承包人还是发包人，往往会将总承包人定义为该项目的总承包人，并将“总包配合费”写成“总包管理费”，甚至当该项目出现工程质量或施工安全问题，要求总承包人承担连带责任。

（三）笔者提醒

（1）总包管理费往往会在总包发包时某些工程项目暂不具计价的情况，以“暂定价”形式出现。此时，如暂定价项目尚不具备招标条件，具备条件后再次招标时可能由原总承包人中标，也可能由其他施工单位中标。若为后者，发包人应与总承包人签订一份总包配合费合同，并在与其他施工单位签订的合同中扣除相应措施费。

（2）根据合同相对性理论，除非总承包人委托发包人进行，否则分包结算原则上由总承包人进行，故将总包范围内的分包项目的结算由发包人直接结算，本质上是干涉承包权。

（3）只要不属于承包范围工程项目而需要承包人做出一定行为的，原则上就属于总包配合费范畴。此时无论是否将总包配合费写成总包管理费，总承包人均应当就履行配合义务项目的工程质量或施工安全承担连带责任。

（四）主要法条

（1）《民法典》第七百九十一条：

“发包人可以与总承包人订立建设工程合同，也可以分别与勘察人、设计人、施工人订立勘察、设计、施工承包合同。发包人不得将应当由一个承包人完成的建设工程支解成若干部分发包给数个承包人。

总承包人或者勘察、设计、施工承包人经发包人同意，可以将自己承包的部分工作交由第三人完成。第三人就其完成的工作成果与总承包人或者勘察、设计、施工承包人向发包人承担连带责任。承包人不得将其承包的全部建设工程转包给第三人或者将其承包的全部建设工程支解以后以分包的名义分别转包给第三人。

禁止承包人将工程分包给不具备相应资质条件的单位。禁止分包单位将其承包的工程再分包。建设工程主体结构的施工必须由承包人自行完成。”

（2）《建筑法》第二十九条：

“建筑工程总承包单位可以将承包工程中的部分工程发包给具有相应资质条件的分包单位；但是，除总承包合同中约定的分包外，必须经建设单位认可。施工总承包的，建筑工程主体结构的施工必须由总承包单位自行完成。

建筑工程总承包单位按照总承包合同的约定对建设单位负责；分包单位按照分包合同的约定对总承包单位负责。总承包单位和分包单位就分包工程对建设单位承担连带责任。

禁止总承包单位将工程分包给不具备相应资质条件的单位。禁止分包单位将其承包的工程再分包。”

（3）《建设工程合同司法解释（一）》第十五条：

“因建设工程质量发生争议的，发包人可以以总承包人、分包人和实际施工人为共同被告提起诉讼。”

(4)《建设工程工程量清单计价规范》GB 50500—2013 第 2. 0. 21 条：

“2. 0. 21 总承包服务费

总承包人为配合协调发包人进行的专业工程发包，对发包人自行采购的材料、工程设备等进行保管以及施工现场管理、竣工资料汇总整理等服务所需的费用。”

七、工程价款与合同价款

(一) 概念简述

施工承包合同的合同价款指承包人保质地完成承建工程后可根据施工承包合同向要求发包人支付的款项总和。其由签订施工承包合同时的供求关系、发包形式、双方博弈技巧、守约程度以及履约时的变化状态等因素决定。若用公式表示，则可归纳为：合同价款 = 工程价款 + 赔偿款 + 索赔款 + 其他款项。

(二) 根本区别

目前的价格体系中，除极少数商品或服务采用政府定价或政府指导价外，其余绝大多数的价格均属于市场价。而建设工程施工合同中的工程造价不具备属于“关系到国计民生或稀缺垄断等的商品或服务”这一必要条件，且其在程序上也未满足“被列入国家或地方的定价目录”这一充分条件。

同时，由于《建筑法》已对于施工承包合同中的工程造价属于市场价予以明确，认定其具有明显的契约性。因此，其通常被称为“合同造价”，且最终数额主要由发包形式、供求关系、博弈技巧所决定，并需要通过工程价款的计价方式、工程价款的确定形式、竣工后的结算办法、索赔的具体程序等条款约定。

(三) 笔者提醒

(1) 合同价款 = 工程价款 + 索赔款 + 赔偿款 + 其他款项。换言之，建设工程合同价款除了合同造价（签约时合同造价工程变更时造价）外，还可能包括索赔款、奖励款（工期奖励款和合理化建议奖励款）、总包配合费、垫资利息、赔偿款［实际损失赔偿款、延期支付利息、预期利润、违约（定）金］。

(2) 建设工程的特点之一在于其的不确定性。因此，工程价款 = 承包范围内工程价款 + 变更价款。

(3) 合同价款不等于工程价款，但一定包括工程价款。除工程价款之外，其还可能包括索赔偿款、违约赔偿款和其他款项。其中，工程价款是确定发生的，其他均是不确定的，也就是工程量清单中所称的“暂定金额”所对应的内容。

(四) 主要法条

(1)《建设工程合同司法解释（一）》第十九条：

“当事人对建设工程的计价标准或者计价方法有约定的，按照约定结算工程价款。

因设计变更导致建设工程的工程量或者质量标准发生变化，当事人对该部分工程价款不能协商一致的，可以参照签订建设工程施工合同时当地建设行政主管部门发布的计价方法或者计价标准结算工程价款。

建设工程施工合同有效，但建设工程经竣工验收不合格的，依照《民法典》第五百七十七条规定处理。”

(2)《民法典》第七百九十九条第一款：

“建设工程竣工后，发包人应当根据施工图纸及说明书、国家颁发的施工验收规范和质量检验标准及时进行验收。验收合格的，发包人应当按照约定支付价款，并接收该建设工程。”

(3)《招标投标法实施条例》第五十七条：

“招标人和中标人应当依照招标投标法和本条例的规定签订书面合同，合同的标的、价款、质量、履行期限等主要条款应当与招标文件和中标人的投标文件的内容一致。招标人和中标人不得再行订立背离合同实质性内容的其他协议。

招标人最迟应当在书面合同签订后5日内向中标人和未中标的投标人退还投标保证金及银行同期存款利息。”

八、工程竣工与验收合格

（一）概念简述

法律规定，未经验收或验收不合格的建筑工程不得交付使用。若发包人使用了未经验收的工程，相应行政单位可以责令该发包人改正并予以罚款等行政处罚。因此，通常情况下完工工程均应经过验收。“验收合格”方可“工程竣工”。实务中，往往将“验收合格”等同于“工程竣工”，故常出现工程竣工只有通过验收合格来实现的惯性思维。

（二）根本区别

验收合格并非一定是竣工的前提，验收合格也不一定马上竣工。实践中甚至还会出现竣工在前验收在后的情形。为此，《建设工程合同司法解释（一）》明确：从承发包双方的角度而言，工程竣工可以通过约定确定。若未约定，则遵循“验收合格之日、提交竣工验收报告之日、发包人擅自使用之日”依次确定。

（三）笔者提醒

虽然法律规定发包人不得使用未验收的建设工程，但笔者认为，该规定仅属于管理性强制性规定而非效力性强制性规定。因此，在实务中可能存在竣工在前验收在后的情况。

实践中存在发包人拖延验收以达到默示认可的可能。对此，笔者认为，法律法规应当规定相应合理期限，以阻止发生发包人在收到承包人提交的竣工验收报告后无限拖延的情况。

承包人要求发包人支付工程价款的前提是工程质量符合要求，而竣工前的进度款具有暂定性。因此，必须真正将“质量第一”落实。否则，不仅无权要求支付工程款，还有可能退还已收到的工程进度款，并承担拆除费用、工期延误损失等的费用。

（四）主要法条

（1）《民法典》第七百九十九条：

“建设工程竣工后，发包人应当根据施工图纸及说明书、国家颁发的施工验收规范和质量检验标准及时进行验收。验收合格的，发包人应当按照约定支付价款，并接收该建设工程。

建设工程竣工经验收合格后，方可交付使用；未经验收或者验收不合格的，不得交付使用。”

（2）《建设工程质量管理条例》第十六条：

“建设单位收到建设工程竣工报告后，应当组织设计、施工、工程监理等有关单位进行竣工验收。

建设工程竣工验收应当具备下列条件：

（一）完成建设工程设计和合同约定的各项内容；

（二）有完整的技术档案和施工管理资料；

（三）有工程使用的主要建筑材料、建筑构配件和设备的进场试验报告；

（四）有勘察、设计、施工、工程监理等单位分别签署的质量合格文件；

（五）有施工单位签署的工程保修书。

建设工程经验收合格的，方可交付使用。”

（3）《建设工程合同司法解释（一）》第九条：

“当事人对建设工程实际竣工日期有争议的，人民法院应当分别按照以下情形予以认定：

（一）建设工程经竣工验收合格的，以竣工验收合格之日为竣工日期；

（二）承包人已经提交竣工验收报告，发包人拖延验收的，以承包人提交验收报告之日为竣工日期；

（三）建设工程未经竣工验收，发包人擅自使用的，以转移占有建设工程之日为竣工日期。”

九、应付时点与结算时点

（一）概念简述

建设工程合同作为特殊的承揽合同，理论上，承包人也应享有法定留置权。但鉴于建设工程合同的标的物是不动产，故法律赋予承包人优先受偿权。正因如此，在对“后履行方在前履行方交付成果时付款”认识不足的情况下，再加上工程价款结算往往需要一定时间，常会形成“支付竣工结算余款的前提是结算完毕”的固有思维。

现行法律明确规定，建设工程验收合格并交付的，工程竣工结算余款的支付时间应当是建设工程交付之日。故，工程竣工结算余款的支付不以工程竣工结算完毕为前提，只要将建设工程移交给发包人即可。实践中，工程竣工结算可能自造价咨询单位出具竣工结算审价报告之日确定，可能根据“逾期不结算视为认可”的约定而确定，可能自鉴定报告出具之日确定，也可能按承发包双方合意确定。但通常情况下，这一切都不会改变法定支付工程价款结算余款的时间。

（二）根本区别

关于工程竣工结算款的支付时间，原则上应遵循“有约定从约定，无约定从法定”，司法解释规定支付时间判定如下：

（1）若建设工程已实际交付，为建设工程实际交付之日。承包人将物化劳动的成果交付给发包人，说明承包人已完成施工合同最主要义务，发包人已达到合同的根本目的。此时，发包人完全可以对其占有和控制的建设工程进行处分、使用和收益。这种情况下，迟迟不支付承包人工程竣工结算余款，显然于情于法均不符。故法律规定，工程竣工结算余款应付时间为工程交付之日。如果工程已实际交付发包人，而发包人还未支付工程竣工结算余款的，余款计息时间从工程交付之日的第二天起算。

（2）若已提交竣工结算文件但尚未交付建设工程，为提交竣工结算文件之日。承包人提交竣工结算文件的前提条件是建设工程经竣工验收合格。而竣工验收合格说明承包人已完成施工合同最主要义务，已具备要求发包人支付工程款的前提。但实务中，发包人往往会故意推延审核时间以达到延期支付余款的目的。故为督促发包人尽快审核工程结算报告，及时支付工程结算余款，法律规定，若建设工程没有交付但承包人已提交竣工结算文件，以提交竣工结算文件之日为发包人支付工程竣工结算余款的时间。

（3）若建设工程既未交付又未完成价款结算，为当事人起诉之日。

在实务中，大多数建设工程未完工或虽完工但尚未通过竣工验收程序，此时，工程结算条件不成熟，无法确定应付工程结算余款的时间。为了避免扩大承包人的损失，平衡承发包双方当事人的利益，法律规定，此时的工程结算余款支付时间为当事人向法院起诉之日。而所谓向法院起诉之日，笔者认为最恰当的时间应是法院立案之日。

工程竣工结算款的支付时间没有约定或约定不明确的，应按照上述法律规定执行。而这种情况下，往往由于发包人原因导致余款的确切数额尚未确定，但并不影响欠付工程款利息的最终计算。

（三）笔者提醒

（1）不要将竣工时间与支付竣工结算余款时间混为一谈。后者依次遵循建设工程已实际交付之日、提交竣工结算文件之日、当事人起诉之日的相关认定。

（2）对于承包人而言，不要持有支付工程竣工结算余款前提是竣工结算完毕的错误概念，尽可能不要在合同中出现“结算完毕后支付竣工结算余款”的约定。对于发包人而言，尽可能在合同中明确“逾期不结算视为认可”。

（四）主要法条

（1）《民法典》第七百八十二条：

“定作人应当按照约定的期限支付报酬。对支付报酬的期限没有约定或者约定不明确，依据本法第五百一十条的规定仍不能确定的，定作人应当在承揽人交付工作成果时支付；工作成果部分交付的，定作人应当相应支付。”

（2）《民法典》第七百八十三条：

“定作人未向承揽人支付报酬或者材料费等价款的，承揽人对完成的工作成果享有留置权或者有权拒绝交付，但是当事人另有约定的除外。”

(3)《建设工程合同司法解释（一）》第二十七条：

“利息从应付工程价款之日开始计付。当事人对付款时间没有约定或者约定不明的，下列时间视为应付款时间：

（一）建设工程已实际交付的，为交付之日；

（二）建设工程没有交付的，为提交竣工结算文件之日；

（三）建设工程未交付，工程价款也未结算的，为当事人起诉之日。”

十、合同价款与成本造价

（一）概念简述

合同价款是包括工程价款的承包人有权要求发包人支付的价款总和，而施工承包合同价款中最重要、所占比重通常最大的是工程价款。工程价款指承包人保质完成建设工程后发包人支付给该物化劳动的对价，即通称的“工程造价”。通常，合同价款并非一定包括赔偿款、索赔款、其他款项，但一定包括工程价款。而成本造价指承包人为完成建设工程所支付的所有费用和支出。

（二）根本区别

除均受具体项目的技术参数影响外，合同造价还主要由工程发包形式、市场供求关系、承发包双方的博弈技巧等左右，并最终在建设工程合同中以计价方式、确定形式、结算方式等条款方式予以锁定。而成本造价则主要由承包人的管理水平、技术水准等所左右，并最终以与第三方就人工、材料、机械等签订的采购合同予以锁定。由此可见，合同造价更取决于主观判断，而成本造价更取决于管理水平。

也因此，虽然法律规定在签约过程中，发包人不得迫使承包人以低于成本造价竞价，承包人也不得主动以低于成本造价竞价。但在合同履行完毕后，仍然可能出现合同造价小于成本造价致使承包人亏本的情况。即若签约时合同造价低于成本造价则属于违法行为，若履约后合同造价低于成本造价则属于合法商业行为。

综上，合同造价是双方合意的结果，约束承发包双方；而成本造价则是一方内部成本和费用花费的结果，原则上，只能影响承包人一方。从理论上而言，两者彼此独立，互不干涉。就建设工程合同而言，承包人要求发包人支付的只能是合同造价，而不可能是成本造价。

（三）笔者提醒

（1）不要将合同价款或工程价款与成本造价混为一谈。发包人不应将工程价款等同于合同价款，而承包人应当区分合同价款和成本造价。

（2）建立契约性造价的理念，使契约性造价尽可能提高；加强内容管理，夯实基础，提高承包人的管理水平和技术水准，使成本性造价尽可能下降；同时在不能确定成本价的前提下，尽可能考虑采用开卷转换的价格，即把价格分为两个阶段，第一个阶段是成本加酬金价，主要在设计完成以前；当设计完成绝大部分后，进入第二阶段，跟发包人进行磋商协商价格。

（四）主要法条

（1）《工程质量管理条例》第十条：

“建设工程发包单位不得迫使承包方以低于成本的价格竞标，不得任意压缩合理工期。”

（2）《建设工程合同司法解释（一）》第十九条：

“当事人对建设工程的计价标准或者计价方法有约定的，按照约定结算工程价款。

因设计变更导致建设工程的工程量或者质量标准发生变化，当事人对该部分工程价款不能协商一致的，可以参照签订建设工程施工合同时当地建设行政主管部门发布的计价方法或者计价标准结算工程价款。

建设工程施工合同有效，但建设工程经竣工验收不合格的，依照民法典第五百七十七条规定处理。”

（3）《建设工程合同司法解释（一）》第二十八条：

“当事人约定按照固定价结算工程价款，一方当事人请求对建设工程造价进行鉴定的，人民法院不予支持。”

十一、约定审期与默示认可

（一）概念简述

行为的意思表示，可通过明示方式，也可以默示的方式表现。当对方当事人提出民事权利要求时，未用口头或书面明确表示意见，却以其行为表明已接受的，被认定为默示。若行为通过默示方式予以表现，必须满足以下情况之一方有效：其一，双方已事前进行约定，即双方对默示行为的后果达成合意并认可；其二，法律有明确规定。这里所称的法律仅指由全国人民代表大会以及其常务委员会所制定的法律。

（二）根本区别

严格来说，最高人民法院关于“逾期不结算视为认可”的规定只是以司法解释的形式肯定了发包人与承包人在施工合同中约定的这种附条件的民事法律行为的有效性，肯定了发包人与承包人选择这种确定工程款的结算是可行的，其实质是对当事人约定的尊重。

“逾期不结算视为认可”的规定所附的条件为消极的延缓条件，即“发包人收到竣工结算文件后，在约定期限内不予答复”。当该条件成就时，即“在约定期同内不予答复”，则可以认可竣工结算文件。其实质是当条件成就时，发包人以默示的方式承诺以承包人递交的结算文件中的价款支付工程结算余款的一种民事法律行为。而这一切必须建立在发包人与承包人双方约定的前提下。从逻辑学的角度来看，要使发包人默示认可承包人所递交的结算文件结算价款的，可分为三个逐级层次的条件。

1. 以“约定”为内容的前提条件

约定必须明确两方面的内容：

（1）所附条件的内容（主要是约定答复的期限）。

（2）所附条件成就与非的法律后果。

2. 以“递交”为内容的必要条件

递交应当注意两个问题：

（1）应迅速递交，因为递交时间不仅是约定期限的起始点，而且在大多数施工合同中双方约定工程价款应付时间为工程竣工决算成就时。此时，递交时间就决定了工程价款计息时间。

（2）承包人递交结算文件应当是书面的。

3. 以“逾期”为内容的充分条件

逾期应注意以下两点：

（1）发包人逾期答复不影响以结算文件作为决算依据的法律后果。

（2）发包人在约定的期限内对竣工结算文件的答复应当是书面的。

经过以上分析可知，只有同时满足前提条件（发包人与承包人共同“约定”为内容）、必要条件（承包人单方“递交”结算文件）、充分条件（发包方单方“逾期”不予答复），才能以承包人递交的结算文件作为工程结算余款的依据。

（三）笔者提醒

（1）若合同中仅约定收到竣工结算报告后的审核期限而未明确约定逾期没有答复视为认可竣工结算报告的，即便发包人未在约定的时间予以答复，承包人也不能以此条要求法院支持其“按照竣工结算文件结算工程价款”。

（2）即便合同中存在上述明确约定，发包人在约定期内予以答复而承包人对其答复不满意的，则当自承包人对发包人的答复提出异议时应重新起算“约定时间”。

（3）对发包人而言，尽可能不要约定该条款。若约定，在约定时间之前向承包人提供一份结算初稿可能有利于避免“被认可”的发生。

（4）根据最高人民法院相关司法解释，行政单位出具的示范文本通用条款中的“默示认可”不可视为双方合意，原则上不予认可，除非双方在专用条款中再次明确。

（四）主要法条

《建设工程合同司法解释（一）》第二十一条：

“当事人约定，发包人收到竣工结算文件后，在约定期限内不予答复，视为认可竣工结算文件的，按照约定处理。承包人请求按照竣工结算文件结算工程价款的，人民法院应予支持。”

十二、三方盖章与结算协议

（一）概念简述

三方盖章是指发包人（或与承包人共同）委托进行建设工程竣工结算审价的咨询人，在得到初审结论后，要求发包人、承包人在《工程审价审定单》（简称《审定单》）上盖章的行为。

（二）根本区别

就民法角度而言，仅因三方盖章而免责是违背公平原则的。出具《工程价款审价报告》（以下简称《审价报告》）的前提条件是三方在《审定单》上盖章，这意味着只要有一方未在《审定单》上盖章，《审价报告》就不能出具。此时，也就不存在因《审价报告》的瑕疵而使发包人或承包人遭受损失的情况。没有损失就没有赔偿。若认定三方盖章的《审定单》构成法律意义上的免责事由，就意味着咨询人永远不会因《审价报告》的瑕疵承担任何责任，这显然是与委托合同签订目的和宗旨相违背的。

就表现形式而言，三方签章是应咨询人的要求进行的，故《审定单》具有格式条款之嫌。提供格式条款一方，应以合理的方式提醒对方注意免责和限制责任的条款，并按照对方的要求对该条款予以说明。若违反了提醒注意义务，该格式条款不发生效力。退一步说，即便咨询人履行了提醒注意义务，若格式条款旨在免除其责任，该条款也是无效的。故即便认定三方盖章的《审定单》作为约定的免责条款存在，因其格式条款的性质，该约定的免责条款也是无效的。

而承发包双方共同委托的造价咨询单位出具的《审价报告》原则上不被认为是双方的结算协议。其作为纯粹的咨询报告，根据双方意愿，可能产生以下不同后果：

1. 充分采信审价报告

将该审价报告作为承发包双方的《结算协议》予以采信，即“咨询意见 = 结算协议”。具体做法有两种：

（1）事先约定。双方在施工承包合同中或者在共同委托造价咨询单位的《工程结算审价委托合同》中明确表示：审价报告可视为双方的结算协议。

（2）事后确认。双方虽没有在施工承包合同或审价委托合同中确认审价报告性质，但双方在审价报告出具后以口头或行为将其视为双方结算协议。

2. 参考使用审价报告

在没有事先约定或事后确认的情况下，审价报告出具后，承发包双方在参考该审价报告的基础上，重新就工程价款的结算达成合意并签订协议。

3. 彻底否定审价报告

在没有事先约定的情况下，承发包双方事后也没有达成任何工程价款的结算协议。此时，审价报告对于结算协议的效力被彻底否定。

（三）笔者提醒

（1）审价报告的本质是咨询报告，而非结算协议。有必要建立起“审价报告 = 咨询意见”的概念，同时调整工作中的以往做法。

（2）虽然审价报告仅定义为咨询意见，但该审价报告的形成是在发包人与承包人共同参与下进行的，有些问题可能已被发包人和承包人共同认可，已具有结算性质。例如，工程量的核对、某一签证的单价等。因此，并非一定全盘否定审价报告，这与法理不符，也不利于社会财富的有效利用。

（四）主要法条

《建设工程合同司法解释（一）》第三十条：

“当事人在诉讼前共同委托有关机构、人员对建设工程造价出具咨询意见，诉讼中一方当事人不认可该咨询意见申请鉴定的，人民法院应予准许，但双方当事人明确表示受该咨询意见约束的除外。”

十三、工程审价与工程审计

（一）概念简述

审价是由发包方（或委托造价咨询单位）对承包方提交的工程结算资料进行结算审核，以确定竣工结算价款金额的一种民事法律行为。而审计则是审计机关代表项目投资的所有者对经营者的经营行为予以监督、评价和再审查的一种行政法律行为。

（二）根本区别

1. “审价”与“审计”是不同的法律行为

“审价”是由发包方（或委托造价咨询单位）对承包方提交的工程结算资料进行结算审核，以确定竣工结算价款金额的民事法律行为。而“审计”则是审计机关代表项目投资的所有者对经营者的经营行为予以监督、评价和再审查的一种行政法律行为。因此，二者是不同性质的法律行为，“审价”主要体现当事人一致意思，而“审计”主要体现国家行政职权意志。

2. “审计”与“审价”由不同的主体行施

“审价”的实施主体是发包人（或委托的造价咨询单位），而承包人则是以平等民事主体的地位出现的。而“审计”的实施主体则是国家审计机关，其与被审计单位是一种行政监督关系。因此，二者是由不同主体行使的，“审价”主体之间主要体现平等性，“审计”主体之间主要体现监督的特点。

3. “审计”与“审价”在不同层面实施

通常，在“审价”完成后，审计机关才能在对审价过程真实性、合法性进行调查的基础上，就被审计单位所执行的竣工决算依法予以行政审计监督。因此，二者的实施处在不同层面，即先经“审价”完成后再由“审计”在另一层面进行。

另外，“审价”与“审计”在法律后果、采用依据和行为目的等方面也是截然不同的。

（三）笔者提醒

（1）双方约定以财政部门的审核结论作双方竣工结算的依据主要是适用于发包人与承包人均是国有单位的情形，且仅对具体约定有效。

（2）若施工承包合同中双方约定的竣工结算存在恶意串通损害国家利益的，该条款属于无效条款，应以签订合同时点的市场平均价确定工程价款。

（四）主要法条

《最高人民法院关于审计与审价不一致如何适用法律问题的电话答复意见》：

“审计是国家对建设单位的一种行政监督，不影响建设单位与承建单位的合同效力建设工程承包合同案件应以当事人的约定作为法院判决的依据。只有在合同明确约定以审计结论作为结算依据或者合同约定不明确、合同约定无效的情况下才能将审计结论作为判决的依据。”

十四、备案合同与招标合意

（一）概念简述

就备案而言，存在两种类型——生效备案和行政备案。建筑领域的合同备案均是行政备案。而无论是生效备案还是行政备案均必须有法律依据，并在法律规定范围内进行。法律要求行政单位在部分行政备案中进行实质性审查，如招标合同的备案应就备案合同的实质性内容是否与招标合意相一致进行实质性审查，从而起到规范招标行为的目的。

建设工程的发包方式有直接发包和招标发包两种。其中，招标发包主要经过五个阶段，即招标、投标、评标、中标和签约。法律对这五个阶段中当事人的意思表示均有一定程度的限制。招标的法律性质属于要约邀请，其意思表示必须包括实质性内容。投标的法律性质属于要约，其意思表示必须对实质性内容做积极响应。中标的法律性质属于承诺，评标必须按照招标文件中的标标准进行。而法律性质属于合同生效的签约则应在中标的意思表示之后的 30 天内签订合同，其实质性意思表示必须按招标时的合意进行约定。

（二）根本区别

法律要求行政单位对中标签订的合同备案进行实质性审查，若发现中标备案合同的实质性内容与招标合意不一致，不仅不予备案且应予以行政罚款。因此，理论上而言，备案合同一定是实质性内容与招标合意一致的合同。但实务中，行政单位对中标合同进行备案时往往仅进行形式性审查。

在上述情况下，依据招标的不同阶段可能存在至少以下四种合同：中标之前签订的合同 W1、中标之后不符招标合意签订的备案合同 W2、中标之后按招标合意签订的合同 W3 及实际履行的不按招标合意签订的合同 W4。

鉴于建设工程合同的备案属于行政备案，即备案与否与合同生效与否无关。所以，备案合同中的违法条款不因备案的行为而合法，未备案合同也不会因此而无效。故对于实务中未按招标合意签订的合同，即使其因未经实质性审查而逃脱责令改正的处罚，也依旧不会因备案这一行为而变得合法。

虽然“公权利不授权不可为，私权利不禁止即可为”，但属于处理私权利的民法合同更强调的是“意思自治”，即“有约定从约定，无约定从法定”。也因此，后合意往往可以改变前合意，但法律对处理私权利并非绝对不干涉。为了保证公序良俗和公共利益，法律对某些私权利的双方合意是不予认可的。因此，“有约定从约定”的前提在于“该约定不得违反效力性强制性规定”。

（三）笔者提醒

（1）只要进行招标投标，无论是必须招标还是选择招标，其实质性内容的招标合意均以招标投标文件确定。

（2）切忌通过中标备案降低招标合意的合同造价。

（3）不属于必须招标的工程进行招标后，同样应遵循“实质性内容按招标合意签署且不得任意变更”的精神。

（四）主要法条

（1）《招标投标法》第五十九条：

“招标人与中标人不按照招标文件和中标人的投标文件订立合同的，或者招标人中标人订立背离合同实质性内容的协议的，责令改正；可以处中标项目金额千分之五以上千分之十以下的罚款。”

（2）《建设工程合同司法解释（一）》第二条第一款：

“招标人和中标人另行签订的建设工程施工合同约定的工程范围、建设工期、工程质量、工程价款等实质性内容，与中标合同不一致，一方当事人请求按照中标合同确定权利义务的，人民法院应予支持。”

十五、阴合同与无效合同

（一）概念简述

通常所称的“阴合同”是指在存在“阳合同”（通常所称的“阳合同”是指实质性内容按招标合意所签订的合同）的前提下，合同双方当事人重新签订一份实质性内容违背招标合意的合同，该合同通常被称为“阴合同”。

符合当事人的意志，但不符合法律规定的合同，即当事人双方的合意违反法律、行政法规的效力性强制性规定而不被国家认可的就是无效合同。

（二）根本区别

双方合意如需法律保护必须遵守法律的相关规定。依法成立的合同在符合法定生效条件的前提下，才能得到法律的肯定并受到法律的保护。

民法遵循意思自治，原则上法律不予干预。但为了对市场宏观调控和维持市场秩序，为了保护国家、集体等利益及社会公共利益，国家仍对意思自治予以适度限制。同时，若当事人在合同中的约定条款违反地方性法规或者部门规章但并未违反法律和行政法规中的强制性规定的，并不会导致合同无效，而是根据该地方性法规或规章的有关规定进行处理。

故，合同无效的一大依据在于条款的强制性。依据是否具有强制性，条款可分为强制性条款和任意性条款。任意性条款往往不涉及合同的有效性问题。但是，并非违反强制性条款就一定导致合同（或条款）无效。因为强制性条款仍可分为效力性强制性条款和管理性强制性条款。若违反管理性强制条款的，合同仍可能有效；只有违反效力性强制性规定，合同（或条款）才必然无效。

例如，为“保证工程质量和安全”，《建筑法》认可的“承包人”必须是单位有资质、个人有资格，并在其资质范围内从事建筑活动的建筑施工企业、勘察单位、设计单位。否则，即便完成符合质量要求的建设工程，也只能称其为“实际施工人”。因此，若没有资质、借用资质或超越资质，其所签订的建设工程施工承包合同无效。而由于超越资质并非没有资质，因此，法律对其所签订的施工承包合同予以一定程度的宽容，即只要“在建设工程竣工前取得相应资质等级”，该施工承包合同仍可以认定为有效。

而对于“必须进行招标而未招标”导致所签订的施工承包合同，因其违反的是《招标投标法》中的效力性强制性规定，故即便当事人自愿选择招标，其所签订的施工承包合同仍然无效。而若该合同以欺诈、胁迫手段，结果损害国家利益；或恶意串通，结果损害国家、集体或他人利益；或者以合法形式掩盖非法目的；或者结果损害社会公共利益的，即便这些合同没有违反相应效力性强制性规定，也属于无效合同。

（三）笔者提醒

（1）若法律明确规定违反某条款合同无效，则该条款应是效力性强制条款。

（2）建设工程中的实质性内容，原则上按“阳合同”为准。例如，若“阴合同”和“阳合同”关于工程计价或工程价款的确定形式有不同约定的，原则上按“阳合同”中的约定执行，而非实质性内容按后者的合意为准。

（3）若无效施工承包合同应归责于发包人的，承包人可根据最终无效施工承包合同与成本价间的差额为标准承担赔偿。若无效合同应归责于承包人的，承包人无权就该部分损失要求发包人承担。若双方均有责任的，则各自承担相应责任。

（四）主要法条

《招标投标法》第四十六条第一款：

“招标人和中标人应当自中标通知书发出之日起三十日内，按照招标文件和中标人的投标文件订立书面合同。招标人和中标人不得再行订立背离合同实质性内容的其他协议。”

第三章 “全过程法律 + 造价”应用实务

第一节 概 述

一、“全过程法律 + 造价”工程咨询服务预先设定目标，以目标为导向，是未雨绸缪而非亡羊补牢

工程项目不同、发承包模式不同将直接导致发承包人的合同权利义务不同、承受的风险范围不同。“全过程法律 + 造价”工程咨询服务在开局时根据项目特征、发承包模式设立“总目标”，预先为履约、索赔、结算设定方向和路径，实现目标具有“预见性”“主动性”“全程性”，而非简单的被动应对。

“全过程法律 + 造价”工程咨询服务不仅是工程咨询服务内容的创新，而是二者结合方式的创新、服务理念的创新、服务目标的创新。可帮助委托人在开局时了解项目特征，识别最为关键的法律风险，统筹布局后设定总目标，在各阶段围绕总目标设定阶段性目标，全过程都具有目的性、预见性、主动性，各阶段工作、各部门协作都以实现总目标为导向，实现真正意义上的不间断全过程工程咨询服务。

二、“全过程法律 + 造价”工程咨询服务是法律思维在造价管理的体现，而非二者简单累加

一般来说，工程造价思维缺乏法律思维中的证据意识。在建设工程施工合同纠纷中，施工资料众多，但在诉讼中一般不作为法律证据而是作为鉴定证据，裁判者受专业限制很难判断其法律上的证明内容。

另外，非工程专业的律师缺乏工程造价管理经验，无法将法律思维融合进工程管理中，不会、不能在工程建设过程中捕捉机会，发掘利润增长点。

“全过程法律 + 造价”工程咨询服务有利于优质专业法律服务与优质工程咨询资源的整合。通过专业工程律师的指导，造价工程师在招投标文件的编制、施工合同的签约和履约、全过程索赔和结算中可以做到有效、主动规避风险并找到利润增长点；通过造价工程师的解读，专业工程律师可以更加准确地理解合同计价、调价条款，知悉建设行业的惯例，更好地将过程中相关事实转化为法律事实。用法律指导造价工作规范开展，防范法律风险，可随时进入维权阶段。通过“法律 + 造价”的专业结合，能够为客户提供真正的一站式增值服务。

全过程法律服务能及时疏解承发包双方的分歧与矛盾，避免整个项目过程失控造成最终双方彻底对立，进而培育建筑市场持续健康的承发包关系。因为任何一方，如果不能在过程中合法、及时地维护自己的权益，可能会导致双方合作的最终破裂。“全过程法律 + 造价”工程咨询服务可合理界定各方权利义务，及时弥合承发包、设计、施工、采购等各方矛盾。

三、“全过程法律＋造价”工程咨询服务的阶段及主要内容

全过程服务是指从建设项目准备立项开始，至项目建设结束、后期运营所包含的全阶段服务。

就实施阶段而言，“全过程法律＋造价”工程咨询服务阶段自立项开始至后期运营结束，包含前期策划、勘察、设计、施工，后期运营全部法律服务，涵盖全生命周期，是真正的全过程咨询。在综合运用“全过程造价＋法律”工程咨询服务模式时，可以分为以下几个主要的服务阶段：①招投标阶段；②合同磋商、签订阶段；③合同履行阶段；④合同解除、中间验收阶段；⑤工程移交、后续施工阶段；⑥诉讼/仲裁和强制执行阶段。

从服务内容而言，法律服务内容一般包括：协议起草与管理、谈判、过程中取证、过程结算及纠纷处理、处理签证、索赔事项、处理保险及财税事务及结算谈判，乃至最终争议解决的诉讼/仲裁和强制执行。“法律＋造价”可以做到主动规避全过程风险，梳理法律关系，识别法律风险，评估风险，应对风险，监控风险。

四、“全过程法律＋造价”工程咨询服务的目标设定应符合 SMART 原则

1. 目标必须是具体的（Specific）

全过程工程咨询服务应尽早介入项目，根据项目特征，结合双方专业优势，主动识别风险并挖掘利润增长点，制订应对主要风险的总目标，在项目实施阶段根据总目标制定阶段性目标，阶段性目标越具体越有可操作性。比如为了增加项目的利润率，加速项目资金流动率，可通过合同约定的付款方式、付款节点、逾期支付违约金同等设置来控制资金周转具体目标。

2. 目标必须是可以衡量的（Measurable）

全过程工程咨询服务的目标必须是事先可以衡量的。以委托方为业主为例，承包人未按合同要求施工时，除了工程师可向承包人提出批评或警告，要求承包人及时改进外，还可以索赔费用和（或）利润：①工程进度迟延，要求承包人赶工时，可索赔工程师的加班费；②合同工期已到而工程仍未完工，可索赔误期损害赔偿费；③质量不符合合同要求，工程可被拒绝接收，以及在缺陷责任期内修复缺陷，可索赔成本及利润。

发承包人一般非法律专业人士，对于争议焦点、证据认定标准、采信标准等存在认识上的差异，全过程工程咨询服务应具备法律思维，以诉讼证据的标准制作工程文件，在总目标的导向下明确制作标准，将标准细化且易于衡量。

3. 目标必须是可以达到的（Attainable）

“全过程法律＋造价”工程咨询服务设定的风控目标是多专业及具有丰富经验的专业团队将各个阶段的目标分解后可以达到的。各阶段性目标是各阶段负责人着重关注实现的内容，通过逐步反映、体现、达到阶段性目标，最终达到预先设定的总目标。达到阶段性目标不仅有利于实现总目标，还可以充分考核阶段性工作是否合理，在无法达到某些阶段性目标时可以提前预判原因、风险，及时调整目标。

4. 目标必须和其他目标具有相关性（Relevant）

阶段性目标都是紧密围绕总目标设立的，因此各阶段性目标具有密切的相关性，不可自相矛盾，应实现互相补充、互相印证。法律证据分为直接证据和间接证据。所谓直接证据，

就是以直接方式与案件主要事实相关联的证据，例如双方对事实的确认、责任的划分。所谓间接证据，就是以间接方式与案件主要事实相关联的证据，即必须与其他证据连接起来或通过推理才能证明案件主要事实的证据。

一份工程资料通常需要具备大量要素才能作为直接证据，例如一份发包人原因导致索赔的证据，应该同时具备以下三个要素：①与合同对照，事件已造成了承包人成本的额外支出，或直接工期损失；②造成费用增加或工期损失的原因；③不属于承包人的行为责任或风险责任。

因此，一个阶段性目标可以被拆解为多个具有关联性的要素，多个阶段性目标之间也应具有关联性，彼此不矛盾、不冲突，对需要证明的事实，需要构成要素相互补充、强化，逐步构成完整的证据链闭环，最终达到证明目的和预定的目标。

5. 目标必须具有期限（Time－based）

再完美的计划也需要时限性。例如，通过工程施工的横道图及网络图，可将工程细化到每个分部分项的四时控制，将总时差和自由时差的管理思维融入全过程控制中。再如，对工程签证的提出须在约定期限或法定的合理期限之内。目标能否在设定期限内完成，不仅是各阶段性目标能否达成的重要考核标准，也是风险评估的重要节点。如果在期限内没有达成目标，可能需要调整后阶段的目标强化来补充前阶段目标。

总之，“全过程法律+造价”的模式可以切实提升对项目各阶段造价的控制能力和法律风险的防范能力，可以降低客户选购服务的成本和时间，有利于建筑企业健康发展，促使其完善组织模式。同时也可以满足工程项目粗放式管理向精细化管理转变的要求，提升国内国际竞争力。同时能够及时化解建设企业各方纠纷和矛盾，有利于形成一个合法有序的建筑市场环境，能切实增加建设企业主体的法律和风险控制意识，形成依法办事的思维。合法有序的建筑市场环境的构建可减轻各监管部门的监督压力，有助于各项政策的推进和开展。

当前的大多数发承包人还停留在之前的管理水平，如不能与时俱进，就很容易造成亏损。在全面依法治国的大背景下，招投标领域会越来越严格。广大的发承包人还应当注意规避刑事风险，对于建设领域的数十个常见罪名都要知晓“罪与非罪的界限”在哪里？专业的建筑工程律师在提供“全过程法律+造价”工程咨询服务的过程中就可以提前预判和规避民事、行政和刑事风险。

“全过程法律+造价”工程咨询服务的开展，工程咨询机构和工程律师可以实现优势互补，不断弥补各自短板，提升各自的服务能力水平和服务范围，可以拓宽业务领域，形成正向反馈机制，为市场提供更加优质的服务。

第二节 “全过程法律+造价”新服务模式研究

一、“全过程法律+造价”概述

（一）提出“全过程法律+造价”的初衷

“全过程法律+造价”即全过程法律服务与全过程工程（造价）咨询服务相结合并运用

于工程项目建设全过程的综合性工程咨询服务模式①，意在将工程造价管理的理论知识、技术与法学的方法论思维相贯通，实现“工程造价技术”与“法学价值思维”的跨界融合。可为委托人提供从建设项目立项开始起至完成工程结算乃至向人民法院申请强制执行结束止的工程造价咨询和法律风险防控服务，在尽可能避免全部法律风险（民事风险、行政风险、刑事风险）的同时，可让委托人的经济收益最大化。因该模式下“双专业”的相辅相成、“双重效益”的深化增强，使得工程行业的咨询服务模式更加专业化、系统化，且咨询服务内容更具细致性、明确性。

全过程工程（造价）咨询服务是指咨询人为委托人在项目决策、实施（设计、发承包、施工、竣工）阶段持续提供工程造价专业技术与管理服务。其中，工程造价管理服务内容一般包括对项目工程造价进行测算、控制、核算、分析和评价。全过程法律服务是指贯穿于建设项目立项直至项目建设期结束和完成结算，也可能包含项目后期的运营维护等全过程、全方面的法律服务。专业的建筑工程律师可以提供的法律服务一般包括协议起草与合同管理、磋商谈判、过程中取证、过程结算及纠纷处理、工程索赔、结算谈判乃至最终争议解决的诉讼或仲裁代理等事宜。

“全过程法律 + 造价”工程咨询服务模式不仅要求工程行业人员综合运用管理学、工程经济学、工程技术与计量等方面的知识去解决工程实践问题，同时要求咨询人还要具备严谨的法学思维逻辑及丰富的法学方法论。咨询人提供的服务不是简单的两个专业学科的人数相加，而是将法律知识融会贯通于工程造价咨询。咨询人要以诉讼、仲裁的证据标准制作工程招投标文件、承包合同、补充协议、开竣工报告、往来函件、会议纪要等工程文件。在提供经得起诉讼检验的工程咨询服务的同时，咨询人和委托人可同时获取可观的利润以及有效避免法律和工程风险。

（二）“全过程法律 + 造价”工程咨询服务的特点

“全过程法律 + 造价”作为工程咨询行业的新兴服务模式，自提出已历经工程项目案例的实践检验，逐渐形成了完备的咨询服务体系与专业特色，具有以下两大特点：

（1）宏观上，综合服务介入的阶段涵盖了工程项目建设过程的始终，在综合运用“全过程法律 + 造价”工程咨询服务模式时，可重点分为以下几个服务阶段：

1）招投标阶段；

2）合同磋商、签订阶段；

3）合同履行阶段；

4）中间验收、合同解除阶段；

5）工程移交、后续施工阶段；

6）诉讼、仲裁和强制执行阶段。

（2）微观上，在对工程项目提供前期策划、勘察、设计、施工及后期运营等类别的服务时，并非就项目建设的某一阶段提供一次性咨询服务，而是要将服务贯穿于建设项目的始终，项目的不同阶段各服务主体间要联合协作，项目实施过程中各项服务内容环环相扣，以提高工程建设“全过程法律 + 造价”的全方位、多角度的服务效率和效果。

---

① “全过程法律 + 造价”模式是由王先伟律师于 2014 年首次提出的新兴工程服务模式，于 2018 年正式践行。

（三）“全过程法律+造价”服务的优势

从“全过程法律+造价”服务的特点可以看出，其本身是一个集聚“法律”与“造价”双专业的系统性综合服务工作，其优势在于：

（1）突破法律行业与造价行业服务的单向型壁垒，将法律思维融入工程建设的全过程，在工程建设过程中合法制造证据，依法搜集、固定证据，合理、及时解决工程争议。尤其是在发承包方产生争议时，可随时让委托人做到积极主动，谈（判）能赢、打（官司）能赢。

（2）实践中，经常遇到承包方因不懂工程法律而错失利润机会以及承担不利后果的情况。例如，某施工单位在其承建的项目主体工程已经基本竣工，而施工场地并未完成场地平整时，承包人并未意识到发包人有让现场具备施工条件的义务。此时，承包人可向发包人提出工期和费用的索赔。就此问题，《建设工程施工合同（示范文本）》GF－2017－0201 中就有关于发包人义务的规定，通用合同条款 2.4.2 规定，提供施工条件除专用合同条款另有约定外，发包人应负责提供施工所需要的条件，包括：

1）将施工用水、电力、通信线路等施工所必需的条件接至施工现场内；

2）保证向承包人提供正常施工所需要的进入施工现场的交通条件；

3）协调处理施工现场周围地下管线和邻近建筑物、构筑物、古树名木的保护工作，并承担相关费用；

4）按照专用合同条款约定应提供的其他设施和条件。

此条载明发包人有向承包人提供适宜的施工现场、施工条件的义务。若发包人未履行该义务，承包人就有权提出索赔。很显然，该承包人没有相关法律意识。

（3）将工程专业（造价）问题转化为法律问题，提前为最终的诉讼做铺垫，为最终的谈判做筹码。

工程造价是将工程技术运用与投资收益相结合的价款结算问题，而法律问题是“公法”（如《招标投标法》《建筑法》）与“私法”（如《民法典》）的区别应用以及项目建设所签订合同条款准确适用的效力问题。例如，在某实务案例中，《招标工程量清单》就基础岩石开凿采用“钻爆法”，而承包人的《投标文件》却采用“静爆法”报价，后在施工过程中承包人又采用“钻爆法”进行施工，两类施工方法市场价相比较，“静爆法”比“钻爆法”费用高约 1 000 万元左右，发包人能否在结算时扣除此差额造价？

对于此问题的争议，究竟属于造价问题还是法律问题？发承包双方各执一词，究竟谁对谁错呢？基于“公法”和“私法”的不同规定，可以得出如下两个结果：

1）从“公法”来看，《招标投标法》第二十七条规定：“投标人应当按照招标文件的要求编制投标文件。投标文件应当对招标文件提出的实质性要求和条件作出响应”。由此可知，承包人以“静爆法”投标的行为并未实质性响应招标文件规定的“钻爆法”，此时该如何进行结算现行法律法规并未做出规定，仅《招标投标法实施条例》第五十一条规定了招投标阶段的法律后果为“否决其投标”。但结合招标投标法及其实施条例的其他条文和“法理”可以得出在结算阶段的法律结果应为“责令改正”。否则，承包人的行为就违反了“任何人不得从其违法行为中获利”的法律原则。

《招标投标法》第四十六条规定：“招标人和中标人应当自中标通知书发出之日起三十日内，按照招标文件和中标人的投标文件订立书面合同。招标人和中标人不得再行订立背离合同实质性内容的其他协议”。第五十九条规定：“招标人与中标人不按照招标文件和中标人的投标文件订立合同的，或者招标人、中标人订立背离合同实质性内容的协议的，责令改正”。《建设工程合同司法解释（一）》第二条规定：“招标人和中标人另行签订的建设工程施工合同约定的工程范围、建设工期、工程质量、工程价款等实质性内容，与中标合同不一致，一方当事人请求按照中标合同确定权利义务的，人民法院应予支持”，就是基于上述法律规定做出的解释。故，在投标文件“静爆法”的法律后果被改正为“钻爆法”，承包人又是按照“钻爆法”进行施工时，因“公法”没有扣除价款的相关规定，故发包人不能主张扣除差价。

2）但从“私法”来看，根据《民法典》第四百七十二条、第四百七十三条的规定，发包人的招标文件（含招标工程量清单）属于要约邀请，承包人的投标文件属于要约。根据《民法典》第四百七十九条、第四百八十三条的规定，承诺是要约人同意要约的意思表示，承诺生效时合同成立。显而易见，发承包双方已经完成了有效的招投标程序且达成了一致承诺，此时，双方的合同关系已经成立，具有法律效力。但因承包人在合同签订后的施工过程中，出现了以事实行为变更合同实质内容的情况，即中标合同已约定采用“静爆法”，而承包人在实际施工时采用“钻爆法”时，承包人的行为构成违约。《民法典》第五百八十二条规定：“履行不符合约定的，应当按照当事人的约定承担违约责任。对违约责任没有约定或者约定不明确的，依据本法第五百一十条的规定仍不能确定的，受损害方根据标的的性质以及损失的大小，可以合理选择请求对方承担修理、重作、更换、退货、减少价款或者报酬等违约责任。”据此，发包人可以在结算时扣除差额部分造价。

二、“全过程法律＋造价”创制与发展

（一）行业背景

1. 我国工程咨询行业现状

我国现代工程咨询服务行业的开端始于20世纪80年代，最早出现在世界银行贷款项目中。例如，我国首个利用世界银行贷款的建设项目——鲁布革水电站。在此之后，我国工程行业吸取世界先进经验，开始在工程项目中引入招投标、监理、项目管理等新制度，并先后出台了一系列法律、法规及政策性文件等。经过多年的探索与实践，国内工程项目管理水平有了长足进步，建筑业和工程咨询服务业有了巨大发展。

目前，国外的工程咨询服务已经具备较为完善的管理体系，可为项目立项决策、工程设计、招标代理、工程施工、竣工决算等提供全过程的专业技术支持。然而，我国的工程咨询服务仍然停留在初级阶段，并没有形成系统、全面的工程管理咨询理念。究其原因，主要是国内工程行业“自主经营”的理念根深蒂固，企业欠缺寻求具有核心竞争力的服务意识。尤其是在早期计划经济各主管部门多头管理的体制下，工程项目的各环节呈现碎片化的管理现状，如勘察、设计、监理资质由住建部门管理，项目可行性研究和评估等资质则由发展改革部门管理等，在此状况下，咨询企业虽然加强了自身的专业性，但各项业务间相互缺少衔接，阻碍了工程咨询行业的整体发展。

2. 我国建设工程领域纠纷解决现状

在建设工程领域，因项目主体方的角色不同，对于争议焦点、证据认定标准及采信标准

等方面均存有显著差异。例如：①造价工程师普遍注重合同约定，一般以行业规定、行业惯例为导向，其很难准确判断哪些是造价问题，哪些是法律问题，经常在处理结算争议时混淆界限。甚至，有些担任司法鉴定人的造价工程师错误行使了司法裁判权，导致“以鉴代审”现象频出。②诉讼代理人，其虽注重案件事实、基本证据且以法律依据为导向，但大部分仅有法律专业知识的代理人由于缺乏工程专业知识，对工程行业规范的了解不够深入，未能将工程专业（造价）问题转换为法律语言，无论是在提供非诉讼法律服务阶段中起草与管理协议、谈判、过程中取证、工程索赔时，亦或是提供诉讼法律服务时，都很难提供有效的服务。③作为解决争议焦点的案件裁判者，其注重的是争议焦点、优势证据、请求权基础，即以法律事实为依据，以法律条文为准绳。但因其普遍缺乏工程专业知识和不熟悉工程行业惯例，其很难准确理解工程造价专业问题，无法明确鉴定原则和鉴定依据，这使得建设工程纠纷在人民法院受理的全部案件中息诉服判率最低，误判、错判率较高。

（二）政策背景

为进一步深化建筑业改革，加快产业升级，国务院办公厅于2017年2月发布《关于促进建筑业持续健康发展的意见》，要求“完善工程建设组织模式，培育全过程工程咨询，鼓励投资咨询、勘察、设计、监理、招标代理、造价等企业采取联合经营、并购重组等方式发展全过程工程咨询，培育一批具有国际水平的全过程工程咨询企业。”

2019年3月22日，国家发展与改革委员会与住房与城乡建设部联合印发《关于推进全过程工程咨询服务发展的指导意见》，指出“在房屋建筑和市政基础设施领域推进全过程工程咨询服务，并从鼓励发展多种形式全过程工程咨询、重点培育全过程工程咨询模式、优化市场环境、强化保障措施等方面提出一系列政策措施。”

《关于推进全过程工程咨询服务发展的指导意见》同时还强调法律服务在工程咨询中的重要地位，第四条第（三）款规定：“全过程工程咨询单位应当在技术、经济、管理、法律等方面具有丰富经验”，第五条第（四）款规定：“咨询单位要高度重视全过程工程咨询项目负责人及相关专业人才的培养，加强技术、经济、管理及法律等方面的理论知识培训”。

综上所述，“全过程法律+造价”是贯穿整个建设工程项目生命周期的咨询服务，是积极响应国家政策的重大创新举措，对建立健全全过程工程咨询服务模式具有重要的导向作用，在各项政策的指引下，随着市场经济的发展，“全过程法律+造价”模式将成为工程咨询行业发展的必然趋势。

（三）“全过程法律+造价”成为工程咨询新趋势的必然性

1. 对于工程咨询行业发展的现实意义

毋庸回避，当前国内工程造价咨询行业造价工程师的工作强度普遍较高，但人均收入却较低，且普遍缺少核心竞争力。在处理工程价款结算问题时，常常将“工程造价问题”与“法律问题”相混淆，不能将“工程咨询”和“法律服务”进行资源整合，没有意识到“法律+造价”咨询模式的重要性和利润增长点。

在“全过程法律+造价”服务模式下，将优质工程资源、工程技术与法律专业思维进行优势结合，在专业的工程律师参与和指导下，造价工程师可在招投标文件的编制、施工合同的签约和履约以及全过程索赔和结算中做到有效、主动地规避风险；同时，通过造价工程师对工程项目涉及的知识进行专业性解读，工程律师可以更加准确地理解合同计价、调价条款，知悉建设工程行业的惯例，更好地处理工程结算争议等法律问题。

此外，“全过程法律＋造价”服务模式的开展，有助于工程咨询机构和工程律师实现双向优势互补，提升各自的服务能力水平，拓宽业务领域，形成正向反馈机制，为市场提供更加优质的服务。也可与国际先进经验接轨，培育一批能够“走出去”的工程咨询企业，有助于增强国内、国外工程项目的咨询服务力度。

2. 优化企业管理及实现市场经济高质量发展

从企业角度来看，“全过程法律＋造价”的模式可以切实提升对项目各阶段造价控制能力和法律风险防范能力，可以降低客户选购服务的成本和时间，促使企业完善组织模式，推进工程项目精细化管理。同时，从市场角度出发，“全过程法律＋造价”服务，能够及时化解建设工程企业各方纠纷和矛盾，优化建筑市场环境。同时，因受当前依法治国、合法经营的大背景影响，也能切实减轻各行政主管部门的监管压力，有助于政策的推进和开展。

三、“全过程法律＋造价”的贯彻实施

（一）工程咨询企业与专业工程法律服务机构的跨界整合

目前，国家加大了对建筑行业的整顿力度，对建筑业的改革措施陆续出台。2021 年 6 月 3 日，国务院发布《国务院关于深化“证照分离”改革进一步激发市场主体发展活力的通知》（国发〔2021〕7 号），规定自 2021 年 7 月 1 日起，全国范围内取消工程造价咨询企业甲/乙级资质认定。该通知的发布，降低了工程造价行业的准入门槛，有利于工程行业咨询模式的创新及服务专业领域的拓宽。

同时，《关于推进全过程工程咨询服务发展的指导意见》规定：“全过程咨询单位提供勘察、设计、监理或造价咨询服务时，应当具有与工程规模及委托内容相适应的资质条件。”因此，为满足资质要求，工程咨询企业可通过联合体投标、并购重组等方式开展咨询服务；相应地，律师事务所等法律服务机构也可吸纳具有相关执业资格与工程专业功底深厚的工程咨询人员组成“全过程法律＋造价”服务团队，形成新型的工程咨询服务模式。

需要注意的是，根据住房和城乡建设部颁布的《注册造价工程师管理办法》，造价工程师必须受聘于工程造价咨询企业或工程建设相关单位才能完成注册，故独立受聘于法律服务机构的工程咨询人员可能无法完成执业注册。因此，法律服务机构也可与工程咨询企业形成联合经营的伙伴关系，从而化解执业注册壁垒。

（二）强化个人执业资格管理，逐步淡化机构资质

随着国家取消对工程造价咨询企业甲/乙级资质的认定，全过程工程咨询进入新一轮发展格局，也为“招监造”一体化的工程咨询模式打开了新的大门，更为新型业主的企业项目管理发展创造了新环境、新态势，继而对工程从业人员的资格管理也产生了举足轻重的影响。

目前，我国的工程咨询个人注册执业必须以企业资质为前提，不允许个人独立执业。然而，以机构资质为主、个人资质为辅的双认证制度，虽然保证了咨询企业的整体综合能力，

但却忽略了个体能力的差异，形成了机构单一资质下执业人员水平良莠不齐的局面，最终拉低了整体的咨询服务体验。然而，国际上通行的做法是在工程领域实行个人执业资格准入制度，普遍是以咨询工程师个人名义注册开业，对工程咨询企业并没有资质管理。

对工程造价咨询企业资质认定的取消，是与国际惯例逐步相接轨的积极表现。因此，我国工程咨询行业应切实提升综合性管理能力，强化个人执业资格管理，逐步淡化机构资质，并从教育背景、资格考试、职业实践、后续培训四个方面，提升个人执业门槛，打破部门割据的行业现状，有效整合咨询服务人才资源。例如，可设立项目总咨询工程师，作为“全过程法律＋造价”服务的总负责人，全面负责履行咨询和法律服务合同，主持“全过程法律＋造价”的服务工作。对于总咨询工程师的执业资格要求，建议由具备工程建设、项目管理、法学等相关专业交叉学科背景人士担任，原则上还应具有工程类、工程经济类职称并具有类似工程经验，取得工程建设类注册执业资格（如具有注册造价工程师、注册监理工程师、注册结构工程师等职业资格）。

（三）加强“全过程法律＋造价”的人才队伍建设

一位优秀的“全过程法律＋造价”专业人员，必须是精通工程造价、精熟工程法律的复合型人才。同时，还应具备团队协作沟通能力、商务谈判技巧、工程项目管理、工程软件应用等综合软实力。需要强调的是，一位造价工程师加上一位不懂工程法律的律师，二者合作不可能达到一加一大于二的效果。而判断一位律师是否精通工程造价，只需要看他能否看懂施工图纸就可对其做出初步判断。

为了实现“全过程法律＋造价”服务的有效性管理，优化该模式的集聚效益，建议工程咨询领域、工程法律服务领域、司法审判建工领域专业人士相互传授实务经验。此外，在法律机构团队建设上，应发挥专业工程律师的优势，优先吸纳具有工程专业背景的人员加入律师队伍，组建专业化“全过程法律＋造价”团队。同时，建议工程咨询企业和法律服务机构开展战略合作，加深业务交流，改变仅以“造价咨询”服务为核心的传统咨询模式，开展以专业工程律师、专业咨询团队为核心的创新服务合作模式。

第三节 建设工程领域法律责任的类别与后果

在建设工程领域的法律实务中，用于解决建设工程法律问题经常使用的法律法规主要包括《建筑法》、《招标投标法》及《招标投标法实施条例》，涉及《民法典》、《刑法》以及《行政法与行政诉讼法》的方方面面，以解决建筑市场交易不规范、监管不到位、违规开发项目、违法分包、非法转包以及越级承揽等问题的相关规定。因此，对于建设工程参与各方而言，加强对建设工程法律责任类别及法律后果的准确理解与适用，防范法律风险，确有必要。

一、建设工程民事责任

（一）民事责任的种类及承担方式

1. 民事责任的概念及种类

民事责任是指民事主体因违反法定或者有效的约定义务，而应予承担的相应法律责任。

按侵犯的权益类型，民事责任可以分为违约责任和侵权责任。违约责任是指合同当事人违反法律规定或合同约定的义务而应承担的责任。例如，在建设工程施工合同中，建设单位可能承担迟延履行价款结算的违约责任，施工单位可能承担工期逾期的违约责任。侵权责任是指行为人因过错侵害他人的人身权或财产权后依法应当承担的责任，以及虽没有过错，但在造成损害以后，依法应当承担的责任，如赔偿损失。

2. 民事责任的承担方式

建设工程的民事责任是对受害人的损害进行弥补，主要是财产责任。因此，民事责任主要要求违约（法）者对损害者进行财产上的补偿。当然，民事责任也包括以非财产责任方式承担。例如，当受害人受到人格权或者身份权等非财产性损害时，加害人应对此承担非财产性责任，常见情况有加害人对受害人赔礼道歉、消除影响、恢复名誉或者消除危险等。法律规定惩罚性赔偿的，依照其规定。民事责任的承担方式，可以单独适用，也可以合并适用。

此外需要注意的是，有些承担方式只适用于违约责任，如继续履行有效合同条款、支付违约金等；而有些承担方式只适用于侵权责任，如赔礼道歉；还有些承担方式只适用于对人身权的侵害，如消除影响、恢复名誉等。民事责任的承担方式见表 3－1。

表 3－1　民事责任的承担方式

民事责任的承担方式	
《民法典》规定	1. 停止侵害； 2. 排除妨害； 3. 消除危险； 4. 返还财产； 5. 恢复原状； 6. 修理、重作、更换； 7. 继续履行； 8. 赔偿损失； 9. 支付违约金； 10. 消除影响、恢复名誉； 11. 赔礼道歉

3. 建设工程民事责任的主要承担方式

（1）返还财产。在建设工程合同被确认无效、被撤销后，对已交付给对方的财产，交付方享有返还请求权，已经接受财产的当事人则有返还财产的义务。返还财产的权利行使，意在使合同所涉及的财产所有权恢复到无效、被撤销合同订立之前的状态，从而消除合同无效、被撤销所造成的后果。

《民法典》第一百五十七条规定："民事法律行为无效、被撤销或者确定不发生效力后，行为人因该行为取得的财产，应当予以返还；不能返还或者没有必要返还的，应当折价补偿。有过错的一方应当赔偿对方由此所受到的损失；各方都有过错的，应当各自承担相应的责任。法律另有规定的，依照其规定。”同时，《民法典》第七百九十三条规定：“建设工程施工合同无效，但建设工程经验收合格的，可以参照合同关于工程价款的约定折价补偿承包人。”因此，当建设工程施工合同无效时，首先考虑的是，该建设工程的质量是否合格？若合格，则发包人应参照合同关于工程价款的约定，对承包人进行折价补偿，合理返还财产；若不合格，经承包人修复完毕且再次验收合格时，发包人应参照合同关于工程价款的约定对承包人进行折价补偿，但修复费用由承包人承担。

执行返还财产的方式是折价返还，即承包人已经施工完成的工程，发包人按照折价返还的规则支付工程价款。主要有三种方式：一是参照无效合同中的约定结算价款；二是在约定不明时按照当地市场价或政府指导价结算；三是对于依法必须招标项目，按照招标文件优先于投标文件、投标文件优先于合同约定的原则确定结算方式。

（2）修理。承包人对已经通过竣工验收，在缺陷责任期和/或保修期内出现质量问题的建设工程或者经竣工验收不合格的建设工程，应当承担返修义务。

（3）赔偿损失。发承包人任何一方不履行合同义务或者履行合同义务不符合约定，给对方造成财产上的损失时，由违约方依法或依照合同约定向对方承担损害赔偿责任。

（4）支付违约金。发承包人任何一方违约的，按照当事人订立的建设工程合同约定或者法律规定，违约方向守约方支付财产性赔偿。

（二）工程案件争议焦点

随着市场经济的快速发展，建筑业作为经济体量及业务规模庞大的行业之一，近年来飞速发展。由于建设工程项目周期长、投资大、涉及的行业与职能管理部门多，引发的工程案件接踵而至，且该类案件数量呈逐年上升趋势。因此，对建设项目各参与方而言，全面、准确掌握建设工程合同案件争议焦点的类型，有效预防工程建设中出现的各类法律风险，确有必要。

1. 工程款争议

建设工程合同涉诉原因很多，其中工程款结算是发承包双方产生争议的核心问题，其主要表现为“工程款数额的确定”“工程款支付条件是否成就”等方面。法院对此的裁判规则和主要观点如下：

（1）支持工程款主张的裁判理由主要有：

1）工程款已经达成结算协议的，按照结算协议进行支付；

2）工程未经竣工验收但发包人已擅自使用，视为竣工验收合格，发包人应支付工程款；

3）付款条件已成就，发承包双方虽对工程价款存在争议，但人民法院/仲裁机构可依法确定工程款数额；

4）建设工程合同解除，工程质量合格的，按照已完成工程量支付工程款。

（2）不支持工程款主张的裁判理由主要有：

1）请求支付工程款的主体不适格；

2）工程质量经验收不合格，付款条件尚未成就；

3）已完工程量无法确定，未提交相应证据或证据不足以支持工程款数额的主张；

4）工程尚未结算，且承包人无证据证明已向发包人提交结算资料。

2. 建设工程价款优先受偿权

《合同法》将“建设工程价款优先受偿权”纳入其中，意在对农民工等建筑工人的工资权益予以优先保护。《合同法》废止后，《民法典》吸收了原《合同法》第二百八十六条的规定，将“建设工程价款优先受偿权”编录其中。《民法典》第八百零七条规定：“发包人未按照约定支付价款的，承包人可以催告发包人在合理期限内支付价款。发包人逾期不支付的，除根据建设工程的性质不宜折价、拍卖外，承包人可以与发包人协议将该工程折价，也可以请求人民法院将该工程依法拍卖。建设工程的价款就该工程折价或者拍卖的价款优先受偿。”此条规定将原“按照”改为“根据”，将原“申请”改为“请求”，进一步以立法的形式明确了“建设工程价款优先受偿权”优先于普通债权的地位。

（1）工程价款优先受偿权的范围：

1）《民法典》第八百零七条明确规定了只要是建设工程施工合同所约定的价款，均可就建设工程折价或者拍卖的价款优先受偿。

2）《建设工程合同司法解释（一）》第四十条规定：“承包人建设工程价款优先受偿的范围依照国务院有关行政主管部门关于建设工程价款范围的规定确定。承包人就逾期支付建设工程价款的利息、违约金、损害赔偿金等主张优先受偿的，人民法院不予支持。”

3）《建筑安装工程费用项目组成》第一条第（一）款规定：“建筑安装工程费用项目按费用构成要素组成划分为人工费、材料费、施工机具使用费、企业管理费、利润、规费和税金。”

4）《建设工程施工发包与承包价格管理暂行规定》第五条第一段规定：“工程价格由成本（直接成本、间接成本）、利润（酬金）和税金构成。”

综上所述，“建设工程价款优先受偿”的范围包含直接成本、间接成本、利润及税金，即人工费、材料费、施工机具使用费、企业管理费、利润、规费和税金。对于因履行建设工程施工合同所产生的违约金、损害赔偿金、利息等其他债权，并不属于优先受偿权的范畴。

（2）工程价款优先受偿权的优先次序。《建设工程合同司法解释（一）》第三十六条规定：“承包人根据民法典第八百零七条规定享有的建设工程价款优先受偿权优于抵押权和其他债权。”司法机关以解释的形式明确了“建设工程价款优先受偿权”次序高于“抵押权”。

（3）工程价款优先受偿权的行使期限。《建设工程合同司法解释（一）》第四十一条规定：“承包人应当在合理期限内行使建设工程价款优先受偿权，但最长不得超过十八个月，自发包人应当给付建设工程价款之日起算。”该条款意味着“优先受偿权”行使期间由原来的六个月延长至十八个月。对此规定，司法实践存有很大争议。

（4）法院的裁判规则和观点。实践中，根据人民法院的裁判观点，支持承包人请求法院判决发包人向其支付工程款的裁判理由多为发包人的付款条件已成就，且承包人的主张未超过法定期限；不予支持的理由包括涉案工程未竣工且承包人未提供已完工程质量合格的证明或诉请人非承包人且工程不宜折价、拍卖。

除上述内容外，工程案件的争议焦点还包括利息、违约金、连带责任承担、合同效力等情形。

（三）请求权基础

请求权，是指法律关系的一方主体请求另一方主体为或不为一定行为的权利。权利人不能对权利标的进行直接支配，只能请求义务人配合。请求权基础是指产生请求权的法律基础，可以是法律规范，也可以是合同、遗嘱等具有法律效力的其他法律依据。在民事法律调整的范畴内，若发生纠纷，要依托“谁向谁？依据何种法律规范？主张何种权利？”这一模式，合法合理行使请求权，其中的核心即“依据何种法律规范”，此为法律概念中的请求权基础。对此，德国学者梅迪库斯认为请求权的体系由以下六种构成：

1. 物权请求权

物权请求权，又称物上请求权，是指物权的圆满状态受到妨碍时，物权人为恢复其物权圆满状态，请求妨害人为一定行为或不为一定行为的权利。根据《民法典》的相关规定，物权请求权包括返还原物、排除妨害、消除危险、恢复原状和损害赔偿请求权，具体如下：

（1）返还原物请求权。《民法典》第二百三十五条规定：“无权占有不动产或者动产的，权利人可以请求返还原物。”

（2）排除妨害、消除危险请求权。《民法典》第二百三十六条规定：“妨害物权或者可能妨害物权的，权利人可以请求排除妨害或者消除危险。”

（3）恢复原状请求权。《民法典》第二百三十七条规定：“造成不动产或者动产毁损的，权利人可以依法请求修理、重作、更换或者恢复原状。”

（4）损害赔偿请求权。《民法典》第二百三十八条规定：“侵害物权，造成权利人损害的，权利人可以依法请求损害赔偿，也可以依法请求承担其他民事责任。”

2. 缔约过失请求权

缔约过失责任，是指在合同缔约过程中，一方当事人因违背基于诚实信用原则而产生的符合法律规定的先合同义务，导致相对方的信赖利益损失而应承担的民事责任。所谓先合同义务，又称“前合同义务”或“先契约义务”，是指在要约生效后、合同生效前的缔约过程中，双方当事人基于诚信原则而应负有的协助、通知、告知、保护、保密等合同的附随义务。

对于缔约过失的请求权基础，分为合同不成立、合同无效或被撤销以及合同未生效三种情形：

（1）合同不成立。《民法典》第五百条规定：“当事人在订立合同过程中有下列情形之一，造成对方损失的，应当承担赔偿责任：（一）假借订立合同，恶意进行磋商；（二）故意隐瞒与订立合同有关的重要事实或者提供虚假情况；（三）有其他违背诚信原则的行为。”第五百零一条规定：“当事人在订立合同过程中知悉的商业秘密或者其他应当保密的信息，无论合同是否成立，不得泄露或者不正当地使用；泄露、不正当地使用该商业秘密或者信息，造成对方损失的，应当承担赔偿责任。”

（2）合同无效或被撤销。《民法典》第一百五十七条规定：“民事法律行为无效、被撤销或者确定不发生效力后，行为人因该行为取得的财产，应当予以返还；不能返还或者没有必要返还的，应当折价补偿。有过错的一方应当赔偿对方由此所受到的损失；各方都有过错的，应当各自承担相应的责任。法律另有规定的，依照其规定。”

（3）合同未生效。《民法典》第五百零二条规定：“依法成立的合同，自成立时生效，但是法律另有规定或者当事人另有约定的除外。”

依照法律、行政法规的规定，合同应当办理批准等手续的，依照其规定。未办理批准等手续影响合同生效的，不影响合同中履行报批等义务条款以及相关条款的效力。应当办理申请批准等手续的当事人未履行义务的，对方可以请求其承担违反该义务的责任。

依照法律、行政法规的规定，合同的变更、转让、解除等情形应当办理批准等手续的，适用前款规定。

3. 合同的请求权

合同请求权以合同有效为前提，根据合同的履行，又可分为合同履行请求权及次合同请求权。合同履行请求权是指以请求对方履行合同承诺的主给付义务。次合同请求权包括违约责任的请求权、解除合同后的恢复原状请求权、瑕疵担保请求权。虽然以合同有效为前提，但在合同生效之后，发生了给付障碍或合同解除或质量瑕疵、权利瑕疵，而产生的具有补救效力的请求权。

4. 不当得利返还请求权

不当得利返还请求权，是指不当得利事实发生后，使受益人与受损人之间产生不当得利的债权债务关系，受损人享有请求返还不当得利的权利。不当得利返还请求权有四个构成要件，即：①一方获得利益；②无法律上原因；③他方受到损害；④获利与受损之间具有因果关系。对此，《民法典》第九百八十五条规定："得利人没有法律根据取得不当利益的，受损失的人可以请求得利人返还取得的利益，但是有下列情形之一的除外：（一）为履行道德义务进行的给付；（二）债务到期之前的清偿；（三）明知无给付义务而进行的债务清偿。"

在合同违法的情况下，合同无效。已经给付的，没有法律原因，应予以返还。但返还可能有违导致合同无效的禁止性规定的目的与意义。《民法典》七百九十三条规定："建设工程施工合同无效，但是建设工程经验收合格的，可以参照合同关于工程价款的约定折价补偿承包人。建设工程施工合同无效，且建设工程经验收不合格的，按照以下情形处理：（一）修复后的建设工程经验收合格的，发包人可以请求承包人承担修复费用；（二）修复后的建设工程经验收不合格的，承包人无权请求参照合同关于工程价款的约定折价补偿。"由此可见，如果建设工程施工合同因违法而导致无效，不论工程是否验收合格，均应排除不当得利返还请求权。

5. 无因管理请求权

无因管理是指未受他人委托，也无法律上的义务，为避免他人利益受损失而自愿为他人管理事务或提供服务的事实行为。无因管理请求权是无因管理之债的债权人所享有的请求债务人支付管理费用、交付利益或赔偿损失的权利。无因管理之债的管理人和本人都负有法定的义务，管理人和本人既是债务人也是债权人。无因管理的类别分为以下三种：

（1）正当的无因管理。管理人管理他人事务有利于他人且不违反他人明示或可推知的意思表示；或虽违反他人的意思，但是为其履行公益或法定义务时，管理人对他人享有费用偿还请求权、债务代偿请求权及损害赔偿请求权。

被管理者本人对管理人所管理的事务，享有管理开始通知和报告事务进行状况的请求权、交付管理事务所得利益的请求权及损害赔偿请求权。

（2）不当无因管理。管理人管理他人事务，虽然违反他人明示或可推知的意思，但实际上有利于他人，管理人对他人仍可享有上述请求权，但是只能以其管理行为给他人带来的利益为限。

(3) 不真正无因管理。不真正无因管理不具有避免他人利益受损的意思表示，同时，容易引发侵权责任、不当得利与不真正无因管理的竞合。当发生侵权行为时，被侵权人只能要求赔偿所受损害或所失去的利益，且需证明侵权人主观上具有故意意图，受诉讼时效的影响；当发生不当得利的情形时，只能要求返还受损害的利益。然而，不真正无因管理可以要求返还全部利益。

6. 侵权请求权

侵权请求权是指侵权行为对被侵权人合法利益造成侵害后，被侵权人向侵权人请求赔偿的权利。损害赔偿请求权的类型包括：

(1) 因侵权行为造成他人的损害，受害人享有损害赔偿请求权，具体包括物权、知识产权、继承权及债权等所引起的损害赔偿请求权。

(2) 因侵害人身权所引起的损害赔偿请求权。

就建设工程领域而言，首先，大部分的请求权是基于建设工程施工合同纠纷而产生的合同请求权，如支付工程款、支付利息及违约金、返还质保金、交付竣工资料等；其次，部分案件则基于无权代理、无因管理请求权；最后，发生侵权行为时，可提起侵权损害赔偿请求权，例如，建设工程发生建筑物或者其他设施以及建筑上的搁置物、悬挂物发生倒塌、脱落、坠落造成第三人损害时，第三人享有提起侵权损害赔偿的请求权，所有人或管理人应当承担民事责任，但所有人或管理人能够证明自己没有过错的除外。

(四) 举证责任分配

举证责任也称证明责任，在民事诉讼中，是指应当由当事人对其主张的事实提供证据并予以证明，若诉讼终结时根据全案证据仍不能判明当事人主张的事实真伪，则由该当事人承担不利的诉讼后果。①

举证责任分配，意在使当事人按照法律规定，从而确定由哪一方当事人承担举证责任的证据分配规则。同时，根据举证时限的要求，当事人对自己提出的诉讼主张，在规定的时限内应承担提供证据的责任。

二、建设工程刑事责任

(一) 刑事责任的种类及承担方式

刑事责任，是指犯罪主体因违反《刑法》，实施了犯罪行为所应承担的法律责任。刑事责任是法律责任中惩罚手段及惩罚力度最强的一种，责任类别包括主刑和附加刑。主刑是对犯罪分子适用的主要刑罚，它只能独立使用，不能相互附加适用。

其中，主刑包括管制、拘役、有期徒刑、无期徒刑、死刑；附加刑包括罚金、剥夺政治权利、没收财产、驱逐出境。因此，限制和/或剥夺犯罪人的某种权益，使其遭受一定的损失和痛苦，是刑罚的基本属性。

---

① 资料来源：常怡. 民事诉讼法学. 北京：中国政法大学出版社，2002 年第 199 页。

（二）建设工程领域涉及的常见刑事罪名

近年来，随着推动建筑业健康发展的政策陆续出台，国家加大了对基础设施建设的投入，政府对建筑企业合法合规的要求逐步提高，建筑业及其相关产业进入了成长和体制变革的关键时期。因此，在当前市场竞争激烈的情况下，建设工程各参与方应警惕建设经营活动中可能涉及的刑事犯罪，要能够准确知道“罪与非罪”的界限在哪里。尤其是对于国有资金投资项目，发包人与承包人协商提高进度款付款比例、对暂估价材料设备直接确认结算价、任意解除施工合同等行为就涉嫌构成滥用职权罪，此类渎职犯罪被追究责任者屡见不鲜。

建设工程领域的常见罪名有：拒不支付劳动报酬罪、合同诈骗罪、受贿罪、行贿罪、寻衅滋事罪、伪造工程印章罪、故意伤害罪、盗窃罪、重大责任事故罪、敲诈勒索罪、逃税罪、妨害公务罪、聚众扰乱社会秩序罪、对有影响力的人行贿罪、滥用职权罪、玩忽职守罪、职务侵占罪、重大劳动安全事故罪、过失致人死亡罪等。现重点举例如下罪名：

1. 串通投标罪

（1）罪状描述：串通投标，是指投标人相互串通投标报价，损害招标人或者其他投标人利益，或者投标人与招标人串通投标，损害国家、集体、公民的合法利益，情节严重的行为。

串通投标的类型主要包括两种，即投标人相互串通投标、投标人与招标人串通投标。串通投标的法律责任包括：中标无效（不以串通行为是否影响中标结果为前提）；罚款；有违法所得的，没收违法所得；吊销营业执照；追究刑事责任；赔偿损失；取消投标资格等。

（2）犯罪的构成要件：本罪的犯罪主体为特定主体，即“投标人”和“招标人”。依据《招标投标法》规定，“招标人”是依法提出招标项目、进行招标的法人或者其他组织；“投标人”是响应招标、参加投标竞争的法人或者其他组织，也包括个人。此外，需要注意的是，从事招标投标活动的中介组织，如果在招标投标中参与串通投标，也可能成为本罪的犯罪主体。

本罪的客观方面表现为“相互串通投标报价”，侵害正常的市场秩序。“相互串通投标报价”是指投标人在投标过程中，包含两个阶段即投标前和投标过程中，串通一气，采取抬高标价或者压低标价以及投标人相互串通进行围标等行为。

本罪是结果犯，只有达到“损害招标人或其他投标人利益，情节严重”才构成犯罪。依据有关法律规定，情节严重，可以追究刑事责任。

串通投标罪中所指的“招标投标”包括《招标投标法》中规定的所有招标投标活动。只要招标人通过招标方式选择承包商或供应商，无论是何种招标项目，无论是采取何种招标方式，都应当遵守《招标投标法》的有关规定，不得有串通投标行为，否则均有可能构成犯罪。

（3）追诉标准：《招标投标法》对一般串通投标行为的行政处罚措施包括罚款、没收违法所得、吊销串通投标人的营业执照或取消投标人的投标资格等教育性、惩罚性行为。因此，一般串通投标行为并不涉嫌犯罪。依据《刑法》的规定，串通投标行为需达到“情节严重”才构成犯罪。《最高人民检察院、公安部关于公安机关管辖的刑事案件立案追诉标准（二）》对“情节严重”做出了具体规定，明确为当实施串通投标行为达到了一定的损害程度或致使招投标市场的有序性被打乱等严重后果的，才能启动刑事追究程序。最高人民检察院、公安部《关于公安机关管辖的刑事案件立案追诉标准（二）》第七十六条规定：“［串通投标案（刑法第二百二十三条）〕投标人相互串通投标报价，或者投标人与招标人串通投标，涉嫌下列情形之一的，应予立案追诉：（一）损害招标人、投标人或者国家、集体、公民的合法利益，造成直接经济损失数额在五十万元以上的；（二）违法所得数额在十万元以上的；（三）中标项目金额在二百万元以上的；（四）采取威胁、欺骗或者贿赂等非法手段的；（五）虽未达到上述数额标准，但两年内因串通投标，受过行政处罚二次以上，又串通投标的；（六）其他情节严重的情形。”

2. 重大责任事故罪

（1）罪状描述：重大责任事故罪是指在生产、作业中违反有关安全管理的规定，因而发生重大伤亡事故或者造成其他严重后果的行为。

（2）犯罪的构成要件：本罪的主体是自然人，单位不能构成本罪的主体，包括对生产、作业负有组织、指挥或者管理职责的负责人、管理人、实际控制人、投资人等人员，以及直接从事生产、作业的人员。

本罪的主观方面是过失，包括过于自信的过失和疏忽大意的过失。即行为人应当预见到自己的行为可能发生重大伤亡事故或者造成其他严重后果，因为疏忽大意而没有预见或者已经预见但轻信能够避免而没有采取相应措施以致发生这种结果。

本罪属于结果犯，须“发生重大伤亡事故或者造成其他严重后果”。《关于办理危害生产安全刑事案件适用法律若干问题的解释》第六条规定了在生产、作业中违反有关安全管理的规定因而发生安全事故，具有下列情形之一的，应当认定为“造成严重后果”或者“发生重大伤亡事故或者造成其他严重后果”，对相关责任人员处三年以下有期徒刑或者拘役：造成死亡一人以上，或者重伤三人以上的；造成直接经济损失一百万元以上的；其他造成严重后果构成重大安全事故的情形。

（3）追诉标准：最高人民检察院、公安部《关于公安机关管辖的刑事案件立案追诉标准的规定（一）》（公通字〔2008〕36号）明确规定：“在生产、作业中违反有关安全管理的规定，涉嫌下列情形之一的，应予立案追诉：（一）造成死亡一人以上，或者重伤三人以上；（二）造成直接经济损失五十万元以上的；（三）发生矿山生产安全事故，造成直接经济损失一百万元以上的；（四）其他造成严重后果的情形。”

关于量刑标准“情节特别恶劣”的认定，《关于办理危害生产安全刑事案件适用法律若干问题的解释》第七条规定了在生产作业中违反有关安全管理的规定因而发生安全事故，具有下列情形之一的，对相关责任人员，处三年以上七年以下有期徒刑：造成死亡三人以上或者重伤十人以上，负事故主要责任的；造成直接经济损失五百万元以上，负事故主要责任的；其他造成特别严重后果、情节特别恶劣或者后果特别严重的情形。最高人民法院《关于进一步加强危害生产安全刑事案件审判工作的意见》第十四条规定了发生矿山生产安全事故，造成“重大伤亡事故或者其他严重后果”，同时具有下列情形之一的，也可以认定为《刑法》第一百三十四条、第一百三十五条规定的“情节特别恶劣”：非法、违法生产的；无基本劳动安全设施或未向生产、作业人员提供必要的劳动防护用品，生产、作业人员劳动安全无保障的；曾因安全生产设施或者安全生产条件不符合国家规定，被监督管理部门处罚或责令改正，一年内再次违规生产致使发生重大生产安全事故的；关闭、故意破坏必要安全警示设备的；已发现事故隐患，未采取有效措施，导致发生重大事故的；事故发生后不积极抢救人员，或者毁灭、伪造、隐藏影响事故调查的证据，或者转移财产逃避责任的；其他特别恶劣的情节。

3. 拒不支付劳动报酬罪

（1）罪状描述：拒不支付劳动报酬罪是指以转移财产、逃匿等方法逃避支付劳动者的劳动报酬或者有能力支付而不支付劳动者的劳动报酬，数额较大，经政府有关部门责令支付仍不支付的行为。

（2）犯罪的构成要件：本罪的主体是企业和自然人。企业是指用人单位，包括公司、企业事业单位；自然人包括用人单位以外的自然人。

本罪的主观方面是故意，包括直接故意和间接故意。即行为人主观上明知自己不支付劳动者劳动报酬的不作为行为，会产生劳动者不能及时得到实际劳动报酬的社会危害后果，却希望或放任这种后果发生。

《刑法》第二百七十六条规定："以转移财产、逃匿等方法逃避支付劳动者的劳动报酬或者有能力支付而不支付劳动者的劳动报酬，数额较大，经政府有关部门责令支付仍不支付的，处三年以下有期徒刑或者拘役，并处或者单处罚金；造成严重后果的，处三年以上七年以下有期徒刑，并处罚金。单位犯前款罪的，对单位判处罚金，并对其直接负责的主管人员和其他直接责任人员，依照前款的规定处罚。有前两款行为，尚未造成严重后果，在提起公诉前支付劳动者的劳动报酬，并依法承担相应赔偿责任的，可以减轻或者免除处罚。"

三、建设工程行政责任

（一）《建筑法》及相关条例

建设工程项目涉及施工许可、工程发承包、监理制度、质量管理以及安全管理等诸多方面。其中，建筑施工许可制度包括：①工程施工许可制度（项目许可）以及从业资格制度（主体许可）；②建筑工程发承包制度；③建筑工程监理制度，包括监理的规定、监理的职责以及监理的权限；④建筑工程质量管理制度，包括建设单位的质量责任和义务、勘察设计单位的质量责任和义务、施工单位的质量责任和义务、监理单位的质量责任和义务、工程质量保修以及质量监督管理；⑤建筑安全生产管理，包括建设单位的安全责任、施工单位的安全责任、其他单位的安全责任、安全监督管理以及生产安全事故的应急救援和调查处理等方面。具体内容详见表 3－2～表 3－6。

表 3－2　施工许可制度

项目	内　容
时间	在建筑工程施工前
对象	建设工程
申领单位	建设单位（业主或项目法人），不是施工单位
核发单位	工程所在地县级以上人民政府建设行政主管部门（收到申请之日起 15 日内）
审查内容	工程是否符合法定的开工条件
不需要领证的项目	限额以下的小型工程；批准开工报告的建筑工程

表3-3 施工许可证的有效期限

项目	内　容
期限	领取后3个月内开工，因故不能开工的可申请延期
延期	1. 延期次数最多为2次，每次不超3个月； 2. 不开工、不延期，自行废止； 3. 从领取施工许可证起，最迟9个月开工
重新核验	1. 工程因故中止施工，建设单位自中止之日起1个月内向发证机关报告； 2. 中止施工满1年的工程恢复，要核验施工许可证； 3. 核验不符合条件的，应收回施工许可证

表3-4 与施工许可证有关的时间

内容	时间	备注
施工许可证的期限	3个月	—
开工延期的时间	3个月	最长可延期2次
中止施工，提出报告的时间	1个月	—
中止施工后需核验施工许可证的	1年以上	—

表3-5 建设工程发包

项目	内　容
发包方式	1. 建筑工程依法实行招标发包； 2. 非强制招标项目可以直接发包
禁止行为	1. 提倡对建筑工程实行总承包模式，禁止将建筑工程进行肢解发包； 2. 按照合同约定，建筑材料、建筑构配件和设备由承包单位采购的，发包单位不得指定承包单位购入或者指定生产厂、供应商

表3-6 建设工程承包

项目	内　容
承包资质	1. 必须有资质； 2. 在资质等级许可的业务范围内承揽工程； 3. 使用自己的资质，禁止挂靠行为
联合承包	1. 大型建筑工程或结构复杂的建筑工程，可以组成联合体共同承包； 2. 共同承包的各方对承包合同的履行承担连带责任； 3. 两个以上不同资质等级的单位实行联合承包。 合体共同承包的，应当按照资质等级低的单位的业务许可范围承揽工程

续表

项目	内　容
工程分包	1. 分包须经建设单位的认可； 2. 总分包的，工程主体结构的施工必须由总承包单位自行完成
禁止行为	1. 禁止转包； 2. 禁止全部工程肢解后以分包名义转包； 3. 禁止再分包

（二）行政处罚

行政处罚是指行政机关依照法律规定、对违反行政管理秩序的公民、法人或者其他组织，以减损权益或者增加义务的方式予以惩戒的行为，是外部行政行为。《行政处罚法》规定，法律、行政法规所设定的行政处罚的种类共有六种：

（1）警告、通报批评；

（2）罚款、没收违法所得、没收非法财物；

（3）暂扣许可证件、降低资质等级、吊销许可证件；

（4）限制开展生产经营活动、责令停产停业、责令关闭、限制从业；

（5）行政拘留；

（6）法律、行政法规规定的其他行政处罚。

在建设工程领域，法律、行政法规所设定的行政处罚主要有警告、罚款、没收违法所得、责令限期改正、责令停业整顿、取消一定期限内参加依法必须进行招标项目的投标资格、责令停止施工、降低资质等级、吊销资质证书（同时吊销营业执照）、责令停止执业等。

（三）行政处分

行政处分，是指国家行政机关依照行政隶属关系，给予有违法失职行为的国家机关工作人员的惩罚性措施，是内部行政行为，且该类别的处分行为具有教育性质。行政处分的种类包括警告、记过、记大过、降级、撤职以及开除等。

《建设工程质量管理条例》第七十条规定："发生重大工程质量事故隐瞒不报、谎报或者拖延报告期限的，对直接负责的主管人员和其他责任人员依法给予行政处分。"工程质量的好与坏，属于建设工程实务的根本性问题。因此，为保证和提高工程质量，建设工程各参与方必须在遵守合法性原则的前提与要求下，合理运用一整套质量管理体系、手段和方法，对工程项目进行合规性、系统性管理，并结合专业技术、经营管理和数理统计，有效发挥投资效益，才能更好地投入生产和交付使用，从而满足社会需要。

第四节　招标投标阶段的法律风险防控

"全过程法律 + 造价"对项目建设阶段的合法经营和盈利策划提出了高标准、严要求，即从项目立项时起，就应着眼于项目全过程建设的合法性、合规性，以及需要考虑通过法律和工程造价的融合做到盈利加倍。该模式着重强调建设项目全寿命周期涉及的工程价款及工程法律实务问题，也是发包人或其授权的项目管理单位在组织各参建单位按照建设项目既定目标完成全部建设任务的过程。在实践中，由于各类建设事项需要依托于各参建单位的主观能动完成，因此，建立健全合法的招投标活动，构建以发包人为中心，各参建单位有效协同的工作体系是组织开展“全过程法律＋造价”工作的核心，也是推动项目建设的重要出发点。

招标和投标活动是实现项目“全过程法律＋造价”管理策划的重要阶段，是发承包人各自营造有利管理的前提条件。通过招投标活动，发包人与承包人之间建立了发承包关系，通过对合同主体权利、义务及责任的确定，建立发包人和承包人协同的工作关系。招投标活动的本质特性是鲜明的，其所具备的管理潜能是无限的，因此，工程项目管理人员应充分认识到该阶段管理可以发挥的作用，也是实现项目管理策划、落实全过程管理的重要阶段。

一、法定必须招标的工程建设项目范围和标准

（一）法定必须招标的工程建设项目范围

法定必须招标的建设工程项目，即强制招标项目，是指发包人按照法定招标要求，依法组织招投标程序并确定中标人，再签订建设工程承包合同的工程项目。当前，我国招投标活动应当遵守的法律、法规、规章以及其他政策性文件主要是《招标投标法》《招标投标法实施条例》《必须招标的工程项目规定》《必须招标的基础设施和公用事业项目范围规定》。

《招标投标法》是“制定必须招标项目”的上位法，《招标投标法》第三条规定了三类必须招标的工程项目范围：“在中华人民共和国境内进行下列工程建设项目包括项目的勘察、设计、施工、监理以及与工程建设有关的重要设备、材料等的采购，必须进行招标：

（一）大型基础设施、公用事业等关系社会公共利益、公众安全的项目；

（二）全部或者部分使用国有资金投资或者国家融资的项目；

（三）使用国际组织或者外国政府贷款、援助资金的项目。

前款所列项目的具体范围和规模标准，由国务院发展计划部门会同国务院有关部门制订，报国务院批准。

法律或者国务院对必须进行招标的其他项目的范围有规定的，依照其规定。”

对于上述“三类必须招标”的工程项目，国有资金投资的发包人在招投标活动中的过程是否合法、是否遵守招投标市场的有效秩序、是否符合公司相关章程规定的程序是需要重点审查的内容，在工程项目的内外部审计中至关重要。

近年来，国家鼓励工程项目发承包模式的多样化发展，使得招投标程序从注重“形式审查”过渡为注重“实质审查”。例如，随着国家对工程总承包模式的大力支持，发承包方越来越倾向采用“EPC”“DB”亦或者是“EP”“PC”等模式。但是，在工程建设市场如火如荼开展的同时，也隐藏着纷杂的现象。例如出现了很多名为“工程总承包”但实为“施工总承包”或“既非总承包、也不是施工承包”的工程项目。这些项目之所以出现“实质问题”，主要原因之一就是在招投标阶段便发生了错误行为，尤其是承包方在进行投标报价时，往往就要求提供详细的投标清单、发包人实际控制设计文件以及发包人要求审核进度

付款等，这些行为并不可取。工程总承包模式一般包含勘察、设计、施工、采购等全过程或若干阶段。因此，在招投标阶段，因详细的施工图纸尚未出具且承包人有随时修改的权利，故不可能提供类似施工承包的招标工程量清单，承包方可以提供的清单一般是根据类似项目承揽经验或概算指标，粗略编制而成。当然，承包人也可以根据自己的企业定额、企业自身管理水平及市场价等综合考虑制订。

（二）法定必须招标的工程建设项目标准

为了响应《招标投标法》第三条的规定，同时依据该规定第（二）款授权，确定了必须招标的工程项目具体范围、种类及项目投资金额等规模标准，严格规范招标投标活动，国家发展和改革委员会决定于2018年6月1日起施行《必须招标的工程项目规定》，以部门规章的形式明确了必须招标的项目范围和规模标准，第二条规定："全部或者部分使用国有资金投资或者国家融资的项目包括：（一）使用预算资金200万元人民币以上，并且该资金占投资额10%以上的项目；（二）使用国有企业事业单位资金，并且该资金占控股或者主导地位的项目。"第三条规定："使用国际组织或者外国政府贷款、援助资金的项目包括：（一）使用世界银行、亚洲开发银行等国际组织贷款、援助资金的项目；（二）使用外国政府及其机构贷款、援助资金的项目。"

同时，国家发展和改革委员会印发《必须招标的基础设施和公用事业项目范围规定的通知》（发改法规规〔2018〕843号）第二条规定："不属于《必须招标的工程项目规定》第二条、第三条规定情形的大型基础设施、公用事业等关系社会公共利益、公众安全的项目，必须招标的具体范围包括：

（一）煤炭、石油、天然气、电力、新能源等能源基础设施项目；

（二）铁路、公路、管道、水运，以及公共航空和A1级通用机场等交通运输基础设施项目；

（三）电信枢纽、通信信息网络等通信基础设施项目；

（四）防洪、灌溉、排涝、引（供）水等水利基础设施项目；

（五）城市轨道交通等城建项目。"

此外，《必须招标的工程项目规定》第五条规定："本规定第二条至第四条规定范围内的项目，其勘察、设计、施工、监理以及与工程建设有关的重要设备、材料等的采购达到下列标准之一的，必须招标：

（一）施工单项合同估算价在400万元人民币以上；

（二）重要设备、材料等货物的采购，单项合同估算价在200万元人民币以上；

（三）勘察、设计、监理等服务的采购，单项合同估算价在100万元人民币以上。同一项目中可以合并进行的勘察、设计、施工、监理以及与工程建设有关的重要设备、材料等的采购，合同估算价合计达到前款规定标准的，必须招标。"

当然，也有一些依法属于必须招标的工程项目，但在具有特殊情形时可以不进行招标。例如，需要采用不可代替的专利或者专有技术；采购人依法能够自行建设、生产或者提供的；已通过招标方式选定的特许经营项目投资人依法能够自行建设、生产或者提供的；需要向原中标人采购工程、货物或者服务，否则将影响施工或者功能配套要求的；涉及国家安全、国家秘密、抢险救灾或者属于利用扶贫资金实行以工代赈、需要使用农民工等特殊情况，以上不适宜进行招标的项目，按照国家有关规定可以不进行招标。

正如前文所言，工程总承包模式在近些年被大力推行、快速发展。但在工程总承包模式下，建安、设备采购是否属于法定必须招标项目的范畴，《招标投标法》并未对此做出明确的规定。《招标投标法实施条例》中规定了以暂估价形式包括在总承包范围内的工程、货物、服务属于依法必须进行招标的项目范围且达到国家规定规模标准的，应当依法进行招标。在现行工程实务过程中，对于具有一定规模的总承包项目，建设单位一般会经过招投标程序选择合适的总承包商，发承包双方签订的工程总承包合同往往已经确定总承包价格。在此情况下，总承包商有权自主确定下游采购方式，若属于暂估价项目，则应当依法进行招标。

二、标前行为的法律风险

在工程建设实践中，发承包双方往往更加注重合同签订、合同履行时的经营风险，往往忽视了对标前行为法律风险的防范，导致合同双方当事人不得不承担标前不当行为引起的民事、行政甚至是刑事法律责任。因此，对于建设工程项目，尤其是法定必须招标的项目，招投标阶段的法律风险识别与防控是当前工程项目咨询的一个重要方面。加强项目建设各个阶段的合法性审查，有利于建筑市场的健康、有序发展，对于维护招标人、投标人以及建设工程项目的各参与主体的合法权益有着十分重要的意义。

（一）标前对实质性内容进行磋商

《招标投标法》第四十三条规定：“在确定中标人前，招标人不得与投标人就投标价格、投标方案等实质性内容进行谈判。”此条规定以法律形式对招投标双方的标前行为进行强制性约束，即禁止招投标人在标前进行“实质性内容”的磋商、谈判。

何为“实质性内容”？“实质性内容”是引起建设工程合同纠纷的一个重要问题，最早来源于建设工程施工合同实务中经常出现的“黑白合同”（或称“阴阳合同”），即对于法定必须招标项目，招标人与中标人签订了两份或两份以上合同，一般来说，其中一份是双方根据中标文件签订的合同，即“白合同”，其他合同则是“实质性内容”与中标合同不一致的合同，即“黑合同”。《招标投标法实施条例》第五十七条规定：“招标人和中标人应当依照招标投标法和本条例的规定签订书面合同，合同的标的、价款、质量、履行期限等主要条款应当与招标文件和中标人的投标文件的内容一致。招标人和中标人不得再行订立背离合同实质性内容的其他协议。”该条规定了合同的“标的”“价款”“质量”“履行期限”为合同的实质性内容，以“等”字表明条文采用的是不完全列举的方式，从而扩大了合同“实质性内容”的范围。

在判断“实质性内容”时，最高人民法院出台的司法解释、各地法院出台的解答意见等亦明确了“实质性内容”的参照标准。《建设工程合同司法解释（一）》第二条第（一）款规定：“招标人和中标人另行签订的建设工程施工合同约定的工程范围、建设工期、工程质量、工程价款等实质性内容，与中标合同不一致，一方当事人请求按照中标合同确定权利义务的，人民法院应予支持。”该款也采用不完全列举的方式，规定了建设工程施工合同的“实质性内容”为合同约定的“工程范围”“建设工期”“工程质量”以及“工程价款”等。同时，该司法解释第二十二条规定：“当事人签订的建设工程施工合同与招标文件、投标文件、中标通知书载明的工程范围、建设工期、工程质量、工程价款不一致，一方当事人请求将招标文件、投标文件、中标通知书作为结算工程价款的依据的，人民法院应予支持。”该条采用穷尽列举的方式，将“工程范围”“建设工期”“工程质量”以及“工程价款”四个方面作为判断建设工程施工合同与招投标文件不一致的内容标准。由此，对于合同“实质性内容”的内涵，可以明确至少包含“工程范围”“建设工期”“工程质量”“工程价款”四项内容。最高人民法院在其他文献作品中也表示，实质性条款是指对当事人权利义务影响较大的内容。

（二）发承包人标前签订施工合同

实践中经常存在发包人先行确定承包人并与其签订施工合同，再在合同履行过程中补办招投标程序，想以此“符合”《招标投标法》的相关规定。然而，此类“先定后招”的行为，将导致发承包双方签订的施工合同被认定为无效。《招标投标法》第四十三条规定：“在确定中标人前，招标人不得与投标人就投标价格、投标方案等实质性内容进行谈判。”第五十五条规定：“依法必须进行招标的项目，招标人违反本法规定，与投标人就投标价格、投标方案等实质性内容进行谈判的，给予警告，对单位直接负责的主管人员和其他直接责任人员依法给予处分。前款所列行为影响中标结果的，中标无效。”上述两个条文明确规定了，在确定中标人之前，发承包双方不得就合同“实质性内容”进行磋商、谈判。对于必须招标项目而言，因招标人要与承包人先行签订施工合同，故必定会对工程范围、建设工期、工程质量、工程价款等实质性条文做出明确、具体的约定，且在招投标之前就已经确定了中标人，再进行招投标时，其他投标人的合法权益便会受到严重侵害。

《建设工程合同司法解释（一）》第一条规定：“建设工程施工合同具有下列情形之一的，应当依据民法典第一百五十三条第一款的规定，认定无效：……（三）建设工程必须进行招标而未招标或者中标无效的。”因此，招投标之前招标人先与承包人签订施工合同，就合同“实质性内容”进行谈判，影响中标结果的，该合同无效，招投标之后双方签订的建设工程施工合同也因中标无效而归于无效。但同时也应特别注意，如果在招投标前，发承包人签订的施工合同未就合同“实质性内容”进行约定，且没有影响到中标结果，那么其履行招投标程序之后签订的建设工程施工合同未必当然无效。

在建设工程招投标过程中，若允许发承包人在招标前就实质性内容进行谈判，很大可能会损害到国家利益、社会公共利益以及其他投标人的合法权益，同时也扰乱了正常的招投标程序。上述行为也属于构成串通投标的情形，关于串通投标的具体情形和认定标准，将在后面予以详细阐述。

（三）应招标人要求，潜在投标人在标前做出损害自身权益的承诺行为

在某些招投标活动中，招标人凭借其自身的优势地位，在招标文件之外，另行要求投标人向其做出书面“让利承诺”性质的协议，以此转嫁自身风险和/或降低自身的建设成本。

《招标投标法》第四十六条规定：“招标人和中标人不得再行订立背离合同实质性内容的其他协议。”《招标投标法实施条例》第五十七条规定：“招标人和中标人应当依照招标投标法和本条例的规定签订书面合同，合同的标的、价款、质量、履行期限等主要条款应当与招标文件和中标人的投标文件的内容一致。招标人和中标人不得再行订立背离合同实质性内

容的其他协议。”《建设工程合同司法解释（一）》第二条规定：“招标人和中标人另行签订的建设工程施工合同约定的工程范围、建设工期、工程质量、工程价款等实质性内容，与中标合同不一致，一方当事人请求按照中标合同确定权利义务的，人民法院应予支持。招标人和中标人在中标合同之外就明显高于市场价格购买承建房产、无偿建设住房配套设施、让利、向建设单位捐赠财物等另行签订合同，变相降低工程价款，一方当事人以该合同背离中标合同实质性内容为由请求确认无效的，人民法院应予支持。”因此，招标人与中标人另行签订与中标合同“实质性内容”相违背协议的行为，违背了上述法律法规和司法解释的规定，双方所签订的协议无效。

然而，需要注意此类“让利性承诺”内容并不属于招标文件的范畴，独立于招投标活动之外。因招标人是受益人，该行为是招标人利用自身的优势地位，胁迫投标人做出的有悖中标合同实质性内容的行为，因此，招标人的该类行为违反了法律法规的效力性强制性规定。但由于该类行为是独立于招标文件之外，未对招标、评标、定标产生实质性影响，所以，并不会影响中标结果和导致中标合同无效。

（四）串通招投标

串通招投标是指招标者与投标者之间或者投标者与投标者之间采用不正当手段，对招投标事项进行串通，以排挤竞争对手或者损害招标者利益的行为。串通投标行为作为扰乱建设工程市场秩序的犯罪行为，《刑法》以公权力强行对该行为进行了制约。作为市场垄断行为，《反垄断法》对该行为进行了规制。作为不正当竞争行为，该行为受到《反不正当竞争法》的制衡。同时，更是受到《招标投标法》《招标投标法实施条例》以及《政府采购法》等法律法规的监督和管理。例如，《招标投标法》第三十二条规定：“投标人不得相互串通投标报价，不得排挤其他投标人的公平竞争，损害招标人或者其他投标人的合法权益。投标人不得与招标人串通投标，损害国家利益、社会公共利益或者他人的合法权益。”《招标投标法实施条例》将串通投标的情形归为两类，一类是禁止投标人相互串通投标，另一类是禁止招标人与投标人串通投标，具体规定如下。

1. 禁止投标人相互串通投标

《招标投标法实施条例》第三十九条规定：“有下列情形之一的，属于投标人相互串通投标：

（一）投标人之间协商投标报价等投标文件的实质性内容；

（二）投标人之间约定中标人；

（三）投标人之间约定部分投标人放弃投标或者中标；

（四）属于同一集团、协会、商会等组织成员的投标人按照该组织要求协同投标；

（五）投标人之间为谋取中标或者排斥特定投标人而采取的其他联合行动。”

第四十条规定：“有下列情形之一的，视为投标人相互串通投标：

（一）不同投标人的投标文件由同一单位或者个人编制；

（二）不同投标人委托同一单位或者个人办理投标事宜；

（三）不同投标人的投标文件载明的项目管理成员为同一人；

（四）不同投标人的投标文件异常一致或者投标报价呈规律性差异；

（五）不同投标人的投标文件相互混装；

（六）不同投标人的投标保证金从同一单位或者个人的账户转出。”

2. 禁止招标人与投标人串通投标

《招标投标法实施条例》第四十一条规定：“有下列情形之一的，属于招标人与投标人串通投标：

（一）招标人在开标前开启投标文件并将有关信息泄露给其他投标人；

（二）招标人直接或者间接向投标人泄露标底、评标委员会成员等信息；

（三）招标人明示或者暗示投标人压低或者抬高投标报价；

（四）招标人授意投标人撤换、修改投标文件；

（五）招标人明示或者暗示投标人为特定投标人中标提供方便；

（六）招标人与投标人为谋求特定投标人中标而采取的其他串通行为。”

串通投标的危害性主要表现在三个方面：一是限制了市场资源；二是降低了工程项目质量；三是恶化了营商环境。招投标程序的制订，引入了投标竞争机制，有利于发挥市场资源配置的有效性，从而可为工程项目选择最优资源。同时，也有益于合理分配项目资源，提高资源使用的平衡性。但因串通投标的行为，使得招投标双方或者投标者之间将本应关注的对建设工程项目的全方位管控、合理缩减成本、增强施工技术以及合法提高工程价款收益等关注点转变为“虚与委蛇”“弄虚作假”的排他性行为，招投标程序逐渐沦落为“形式主义”。同时，由于串通投标行为，中标人并不是最佳选择，导致工程质量难以得到保证，也会致使招标人的经济效益发生程度不一的损失。此外，串通投标的行为具有极强的隐蔽性，且串通投标行为认定难、取证难问题依然无法得到妥善处理，解决机制仍有待完善。

三、强制招标项目合同签订的法律风险

（一）“应招未招”合同效力认定

理解法定必须招标项目合同的效力，首先要理解法定必须招标项目、招标行为的法律性质，不能错误地按照“要约承诺”的方式理解，而是应当根据《招标投标法》的相关规定理解建设工程合同。

依法必须进行招标的项目，经招投标活动订立合同的方式属于《民法典》第四百七十一条规定的“其他方式”。《招标投标法》属于特别法、公法，投标文件应实质性响应招标文件，中标合同应依据招标文件和投标文件的实质性条款签订。因此在招标文件、投标文件、中标合同实质性内容不一致的情况下，应按招标文件效力优于投标文件，投标文件优于合同约定的法定顺序来确定发承包双方的权利和义务。

对于法定必须招标项目未进行招标的合同效力，存在以下两种情况。

1. 应当公开招标却采用邀请招标

建设工程项目依法应当公开招标却采用邀请招标订立建设工程施工合同的，其合同效力的认定存在两种观点：

（1）《招标投标法实施条例》第八十一条规定：“依法必须进行招标的项目的招标投标活动违反招标投标法和本条例的规定，对中标结果造成实质性影响，且不能采取补救措施予以纠正的，招标、投标、中标无效，应当依法重新招标或者评标。”《招标投标法》对于适用邀请招标的项目条件做出了严格的限制性规定，应当公开招标却采用邀请招标，属于以

“邀请招标”规避“公开招标”的行为，违反了《招标投标法》及其实施条例的相关规定，应认定为无效合同。

（2）《招标投标法实施条例》第六十四条规定：“招标人有下列情形之一的，由有关行政监督部门责令改正，可以处10万元以下的罚款：（一）依法应当公开招标而采用邀请招标……招标人有前款第一项、第三项、第四项所列行为之一的，对单位直接负责的主管人员和其他直接责任人员依法予以处分。”这属于管理性规定，即招标人径行邀请招标应承担的是相应的行政责任，包括责令改正、罚款和予以处分。因《招标投标法》未将此种情形列入“中标无效”的情形，其采用不同的招标方式也不属于《建设工程合同司法解释（一）》第一条规定的“建设工程必须进行招标而未招标”的合同无效情形，因此，应当公开招标而采用邀请招标并不会对建设工程施工合同的效力产生影响。

对此争议，笔者认同第一种观点。

2. 应当公开招标却未进行招标

违反《招标投标法》及其相关规定，应当公开招标而不进行招标的，建设工程施工合同无效，依据为《建设工程合同司法解释（一）》第一条第（三）款的规定。

根据上述规定，依法必须进行招标的工程项目未进行招标，建设工程施工合同无效。同时，《招标投标法》第四十九条规定：“违反本法规定，必须进行招标的项目而不招标的，将必须进行招标的项目化整为零或者以其他任何方式规避招标的，责令限期改正，可以处项目合同金额千分之五以上千分之十以下的罚款；对全部或者部分使用国有资金的项目，可以暂停项目执行或者暂停资金拨付；对单位直接负责的主管人员和其他直接责任人员依法给予处分。此外，招标人、对单位直接负责的主管人员及直接责任人员还应承担相应的行政责任。”

（二）补办招投标手续的法律风险

应当招标而未经过招投标程序签订的施工合同，在工程履约后完工验收时补办手续及合同文件，该类合同及文件是否具有法律效力？发承包人应当承担什么责任？

《招标投标法》第四条规定：“任何单位和个人不得将依法必须进行招标的项目化整为零或者以其他任何方式规避招标。”第五条规定：“招标投标活动应当遵循公开、公平、公正和诚实信用原则。”此外，《建筑法》第十六条规定：“建筑工程发包与承包的招标投标活动，应当遵循公开、公正、平等竞争的原则，择优选择承包单位。”因此，应当招标而未经过招投标签订的施工合同，虽然发承包双方进行补办招投标手续及中标通知书等文件，但该补办行为也违反了《建筑法》及《招标投标法》规定的招投标活动应当遵循的合法性、合规性原则，因此，发承包双方当事人补办招投标的行为并不能当然产生补正合同效力的法律后果，当属无效。

还应当注意的是，国家机关负责投资建设的项目应招未招，相关人员涉嫌构成渎职犯罪。《刑法》第三百九十七条明确规定：“国家机关工作人员滥用职权或者玩忽职守，致使公共财产、国家和人民利益遭受重大损失的，处三年以下有期徒刑或者拘役；情节特别严重的，处三年以上七年以下有期徒刑。本法另有规定的，依照规定。国家机关工作人员徇私舞弊，犯前款罪的，处五年以下有期徒刑或者拘役；情节特别严重的，处五年以上十年以下有期徒刑。本法另有规定的，依照规定。”

第五节　建设工程合同管理阶段法律应用实务

一、“补充协议”优先适用的效力认定

之前章节已对法定必须招标项目，从《招标投标法》第四十六条和《建设工程合同司法解释（一）》第二条论证了实质性条款的法定解释顺序为：招标文件优于投标文件、投标文件优于合同约定。而对于非实质性条款，则受《民法典》的约束和调整。

《民法典》第四百七十一条规定：“当事人订立合同，可以采取要约、承诺方式或者其他方式。”第五百四十三条规定：“当事人协商一致，可以变更合同。”第五百六十二条规定：“当事人协商一致，可以解除合同。”故非法定必须招标项目，发承包人的行为只有不违反法律法规的禁止性规定，发承包方即可自愿订立、变更、解除合同。

签署补充协议，即原合同当事人因发生在合同签订时没有预料到或在履约过程中发生了超出原合同约定履行范围的其他法律事实，经一致同意而另行签订的协议，以补充、变更原合同有关条款或补正原合同的漏洞。签订补充协议是法律赋予合同当事人的一项基本权利，例如，在建设工程开工后，因设计变更、建设工程规划指标调整、不可抗力以及情势变更等客观原因的发生，导致已经签订的原合同难以继续履行，由于法律并不禁止非法定必须招标项目的发承包人对合同进行补充、补正或者变更。因此，发承包双方有权根据工程建设过程中发生的新情况另行达成一致的意思表示，即签署“补充协议”。可在原合同文本的基础上扩大或缩小合同当事人的权利，增加或减少合同当事人的履行内容和履行义务，因此增加了合同文本的数量。此外，建设工程合同“补充协议”的特殊性在于其仍会受到《民法典》、《建筑法》、《招标投标法》以及《中华人民共和国城乡规划法》等的约束，意在维护国家、社会公共资源的分配有效性以及合同当事人的合法权益，但建设工程合同当事人基于意思共识达成的“补充协议”效力如何，应具体问题具体分析。

（一）法定必须招标项目的效力认定

《招标投标法》第四十六条规定：“招标人和中标人应当自中标通知书发出之日起三十日内，按照招标文件和中标人的投标文件订立书面合同。招标人和中标人不得再行订立背离合同实质性内容的其他协议。”该条规定对“意思自治原则”做出了限制，禁止发包人和承包人任意变更实质性内容。对于规定中提到的“实质性变更”，需要准确区分其与“正常条款变更”的界限，正常的合同条款变更是法律赋予合同当事人的一项基本权利，而“实质性变更”则涉及黑白合同问题，进而可能妨害到招投标程序甚至公共利益。

《建设工程合同司法解释（一）》第二条第（一）款明确了合同实质性内容的范畴包括工程范围、建设工期、工程质量以及工程价款等；第（二）款列举了四种属于变相降低工程价款的行为，包括“以明显高于市场价格购买承建房产”“无偿建设住房配套设施”“让利”以及“向建设单位捐赠财务”等。该款旨在禁止发承包双方任意变更合同价款，因《招标投标法》第四十六条是其上位法，当然也应当包含禁止变相增加工程价款的行为。

在工程建设实务中，虽然对建设工程施工合同条款的“实质性变更”与“正常条款变更”进行量化区别较为困难，且难以选择是否遵循中标通知书抑或是继续以已签订的施工合同条款为准。但倘若发生价款结算争议事项时，原则依然是明确的，即遵循中标通知书，以此作为工程价款结算的依据。当然，如果在合同履行过程中发生了设计变更导致工程量增加等情况时，发承包人经合理协商并就该事项变更条款达成一致的意思表示时，则一般属于正常的合同变更情形，此时，应该继续按照当事人实际履行的施工合同作为工程价款结算的依据。

在确定区分界线时，还有一个幅度问题，若只是在工程价款稍有调整、工期略有变化以及工程质量略有不同时，就不宜机械地认定为与中标通知书的“实质性内容不一致”，这里存在一个自由裁量权的行使问题。

（二）非必须招标项目的效力认定

对于没有经过招投标程序且依法不属于必须进行招标的项目，属于《民法典》的调整范围，在发承包双方要约、承诺达成一致时，建设工程合同即告成立。在合同履行过程中，签订补充协议的情况时常发生，是为了补充、变更或者补正已经存在的，在原合同签订时没有约定、约定不明确或者因实际履行状况发生变化而导致的漏洞，从而进一步明确合同当事人的权利、义务，使当事人之间的协议内容得以继续履行，继而实现履约目的。

国家发展和改革委员会公布施行的《必须招标的工程项目规定》中明确了必须招标的工程项目的具体范围和规模标准，除此之外的工程项目均可以不进行招投标程序。但有些发包人为了择优选择、控制成本、提高监管效率等目标的实现，依然会对非必须招投标项目进行招标，在此情况下，此时的招标属于要约邀请，投标属于要约，签发中标通知书构成承诺，签署书面合同后生效。此类项目补充协议受《民法典》相关条文的约束和调整。

总之，对于非必须招标项目，要让当事人的合同变更权不受限制和排除。

二、合同“没有约定”或“约定不明”的处理原则

（一）《民法典》对合同“没有约定”或“约定不明”的规定

当建设工程合同内容出现质量、价款或报酬、履行期限、履行方式及履行费用等没有约定或约定不明的情形时，双方当事人可以进行协商，在达成一致的意思表示后，另行签署补充协议。若仍不能确定，则需要适用《民法典》第五百一十条及第五百一十一条规定，对相应合同进行补充。

《民法典》第五百一十条规定：“合同生效后，当事人就质量、价款或者报酬、履行地点等内容没有约定或者约定不明确的，可以协议补充；不能达成补充协议的，按照合同相关条款或者交易习惯确定。”

《民法典》第五百一十一条规定：“当事人就有关合同内容约定不明确，依据前条规定仍不能确定的，适用下列规定：

（一）质量要求不明确的，按照强制性国家标准履行；没有强制性国家标准的，按照推荐性国家标准履行；没有推荐性国家标准的，按照行业标准履行；没有国家标准、行业标准

的，按照通常标准或者符合合同目的的特定标准履行。

（二）价款或者报酬不明确的，按照订立合同时履行地的市场价格履行；依法应当执行政府定价或者政府指导价的，依照规定履行。

（三）履行地点不明确，给付货币的，在接受货币一方所在地履行；交付不动产的，在不动产所在地履行；其他标的，在履行义务一方所在地履行。

（四）履行期限不明确的，债务人可以随时履行，债权人也可以随时请求履行，但是应当给对方必要的准备时间。

（五）履行方式不明确的，按照有利于实现合同目的的方式履行。

（六）履行费用的负担不明确的，由履行义务一方负担；因债权人原因增加的履行费用，由债权人负担。”

其中，《民法典》第五百一十条提到的“交易习惯”，一般是指在建设工程示范合同文本的通用条款、工程量清单计价规则、工程预算定额或施工取费定额等正式文本中涉及的条文内容，通常为政府主管部门主导编制，或为政府推荐使用，或本身就属于国家或地方标准，具有一定的权威性，并且在建设工程活动中被反复适用、被建设工程各主体所熟知和接受。建设工程合同的“交易习惯”仅仅于《民法典》中规定，在其他部门法中均未曾出现有关该事项的条文规定，且《民法典》将此项内容分为两个部分分别予以规定，即：①一般性合同交易的规定；②适用于建设工程合同交易的建设工程合同分编、买卖合同分编以及借款合同分编。

（二）《民法典》对合同“约定不明”的解释原则

《民法典》第五百一十条及第五百一十一条的立法本意是对已经生效的合同中没有约定或约定不明的争议事宜，给予双方当事人相对公允的处理办法。然而，建设工程合同的特殊性在于既受《民法典》的调整，同时也受《建筑法》《招标投标法》《中华人民共和国城乡规划法》等其他部门法的约束。因此，结合《民法典》的相关规定以及建筑行业的特殊性，建设工程合同“约定不明”的解释原则可以归纳为以下内容：

（1）在不违反法律强制性规定的前提下，以意思自治为本，即发承包人之间可以对“约定不明”的事项另行签署不违背中标合同（必须招投标项目）或已签订的建设工程合同（非必须招投标项目）“实质性内容”的补充协议，使之达成一致的意思共识后继续履约，以实现合同目的。

（2）若发承包人之间不能达成补充协议，则根据已经签署的建设工程合同相关条款或者建筑行业的交易习惯确定；若仍然无法确定，则适用《民法典》第五百一十一条的规定。

三、工程质量纠纷一般处理方法

（一）缺陷责任与保修责任的区别与联系

缺陷责任是指承包人按照建设工程合同约定承担缺陷修复义务，且发包人预留质量保证金（已缴纳履约保证金的除外）的期限，自工程实际竣工日期起计算。

保修责任是根据法律规定及当事人的约定，承包人在工程竣工验收之后一段时间内（即保修期内）依然负有保修义务，负责对工程质量缺陷予以维修。

缺陷责任期和保修期是两个既有区别又有联系的概念。其区别主要有以下五点。

1. 责任来源

缺陷责任通过预留部分工程价款实现。该部分工程价款即工程质量保证金，旨在约束施工方保证履行质量缺陷责任义务。工程质量保证金的担保对象、期限及返还等事项由发承包双方约定，为约定责任，基于合同双方的意思自治。

保修责任为法律强制性规定，是基于《建设工程质量管理条例》的法定约束性行为，旨在保证建筑物合理年限内的正常使用及使用者的合法权益。因此，前者是为了保证安全性，后者是为了保证使用性。

2. 起算时间

缺陷责任期一般从通过竣工验收之日起计算，若由于发包人的原因导致工程无法按规定期限进行竣工验收的，在承包人提交竣工预验收报告90天内，工程自动进入缺陷责任期。

保修期则为自竣工验收合格之日起计算。

3. 责任期限

缺陷责任期一般为六个月、十二个月或二十四个月，具体可由发承包双方在合同中约定。

在正常使用条件下，建设工程的最低保修期限为：

（1）基础设施工程、房屋建筑的地基基础工程和主体结构工程，为设计文件规定的该工程的合理使用年限；

（2）屋面防水工程、有防水要求的卫生间、房间和外墙面的防渗漏，为5年；

（3）供热与供冷系统，为2个采暖期、供冷期；

（4）电气管线、给排水管道、设备安装和装修工程，为2年；

（5）其他项目的保修期限由发包方与承包方约定。

4. 承担义务

缺陷责任期内，承包人对建筑工程承担质量缺陷修复义务，由于承包人原因造成的缺陷，承包人应负责维修，并承担鉴定及维修费用。若承包人不维修也不承担费用，发包人可按合同约定扣除保证金，并由承包人承担违约责任。也有观点认为缺陷责任可以对抗承包人工程价款的结算请求。承包人维修并承担相应责任后，不免除对工程的一般损失赔偿责任。

保修期内，承包人对建筑工程在保修范围内承担质量保修义务，并对造成的损失承担赔偿责任。

5. 期满后果

缺陷责任期满后，承包人向发包人申请返还质量保证金。

保修责任期满后，承包人不再承担相应部分的保修责任。

工程质量保证金的返还与保修期是否届满没有必然联系，发包人不能以保修期未届满为由拒绝向承包人返还工程质量保证金。同样的，发包人返还工程质量保证金后，也不影响承包人继续履行法定或约定的工程保修义务。

（二）质量侵权与违约责任竞合的一般处理方法

在建设工程领域，存在法律关系的当事人的法律地位相同，例如，发包人与承包人之间或者承包人与建筑工人之间。在相关责任既符合违约责任的构成要件又符合侵权责任的构成要件时，应当适用《民法典》第一百八十六条关于责任竞合的规则进行处理，该竞合规则属于请求权中的选择性竞合，即权利人具有要求对方承担违约责任或是侵权责任的权利，且其请求权仅能择其一行使，从而具有排他性、唯一性。

（三）"擅自使用"的法律后果

《建设工程合同司法解释（一）》第十四条规定："建设工程未经竣工验收，发包人擅自使用后，又以使用部分质量不符合约定为由主张权利的，人民法院不予支持；但是承包人应当在建设工程的合理使用寿命内对地基基础工程和主体结构质量承担民事责任。"《建筑法》第六十一条强调了，建筑工程未经验收或者验收不合格的，不得交付使用。同时，《建设工程质量管理条例》第十六条也有基本相同的规定。对于未经竣工验收的建设工程，发包方若擅自使用，视为工程质量合格。在此情况下，如果是使用期间出现了质量问题，依然属于保修范围。

因为"擅自使用"引发的工程实务问题层出不穷。例如，承包人同意发包人提前使用能否认定为"擅自使用"？笔者认为，《建筑法》规定了发包人的强制竣工验收义务，即使承包人同意发包人使用也构成"擅自使用"，即"擅自"是相对于法律规定而言。对于发包人擅自使用部分工程的行为是否要为整体工程质量担责？这个问题在司法实践中出现了完全不同的判决结果。

另外，发包人在已竣工的工程项目未进行质量验收前使用建筑工程的行为，属于客观违法行为，且发包人"擅自使用"只是部分免除承包人的质量责任，承包人应当在建设工程的合理使用寿命内对地基基础工程和主体结构质量仍然承担民事责任。同时，"擅自使用"不能意味着验收合格，也不能推定认为工程符合验收标准，只是发包人丧失了质量抗辩权。

需要注意的是，发包人的擅自使用是指满足项目建设目的的所用，例如，新建办公楼项目须待工作人员正式入场后方可视为使用。如发包人仅仅偶尔或短时间内使用建筑物，不应构成"擅自使用"。

（四）质量缺陷过错责任

根据《建筑法》及《民法典》的相关规定，当建筑工程出现质量缺陷时，一般由承包人承担责任，但对于发包人承担过错责任的情形，在《建设工程合同司法解释（一）》第十三条已明确规定，且该条司法解释的上位法来源于《民法典》第七百七十五条规定："定作人提供材料的，应当按照约定提供材料。承揽人对定作人提供的材料应当及时检验，发现不符合约定时，应当及时通知定作人更换、补齐或者采取其他补救措施。"第八百零三条规定："发包人未按照约定的时间和要求提供原材料、设备、场地、资金、技术资料的，承包人可以顺延工程日期，并有权请求赔偿停工、窝工等损失。"根据该条司法解释规定，由于发包人原因造成的工程质量瑕疵主要有以下几个情形：

（1）提供的设计有缺陷。

（2）提供或者指定购买的建筑材料、建筑配件、设备不符合国家强制性标准。

（3）直接指定分包人分包专业工程。

该条解释虽然没有规定"肢解发包建设工程"的情形下发包人应当承担责任，但《建筑法》第二十四条"禁止将建设工程肢解发包"、《建设工程质量管理条例》第七条第

（二）款“建设单位不得将建设工程肢解发包”以及《民法典》第七百九十一条也有类似规定，即发包人不得将应当由一个承包人完成的建设工程肢解成若干部分发包给数个承包人。据此，发包人因“肢解发包”而造成建设工程出现质量瑕疵，也应承担建设工程质量瑕疵责任。

同时，承包人在明知设计有缺陷、质量不合格时仍然使用或者对指定分包人的行为放任时，在发包人承担责任的同时，承包人也应当承担相应的过错责任。

四、情势变更与不可抗力的区别与联系

（一）“情势变更”和“不可抗力”

情势变更是指在合同有效成立后，因不可归责于双方当事人的原因发生了情势变更，使得合同的基础动摇或丧失，若继续维持合同原有条款的约定则显失公平，因而允许当事人协商变更合同内容或者解除合同。

不可抗力是指在合同履约过程中，出现了合同订立时不能预见、不能避免且不能克服的客观情况，从而导致合同不能继续履行、合同目的无法实现。不可抗力的法律后果是部分或者全部免除责任及解除合同。

“不可抗力”和“情势变更”存在相似之处，容易混淆。例如，在因新冠肺炎疫情的发生而导致的财物损失、价格发生重大变化以及合同无法履行等情形出现时，应当合理选择适用“不可抗力”或者“情势变更”。即如果因疫情导致合同出现无法履行或者迟延履行的实际状况时，则可适用“不可抗力”的规定处理；如果在疫情影响下合同仍然可以履行，但因合同据以定价的人工、材料设备、机械等价格发生重大变化，继续履行合同将导致显失公平或不能实现合同目的的，此时，可适用“情势变更”的规定处理。

（二）“情势变更原则”的适用

“情势变更原则”最早起源于西方法律，按照通说，起源于12～13世纪的注释法学派的著作《优帝法学阶梯注释》，即“情势不变条款说”。20世纪初，德国法院运用“情势变更原则”对案件进行审理，标志着“情势变更原则”首次被应用于审判实践，并于第二次世界大战后颁布一系列特别立法，均涉及“情势变更原则”，旨在保护当事人交易公平而设定的特殊情势下的变更、解除合同的民法制度。

2009年5月3日起，我国正式施行《最高人民法院关于适用〈中华人民共和国合同法〉若干问题的解释（二）》（法释〔2009〕5号）（以下简称《合同法解释（二）》），其中，第二十六条对“情势变更原则”首次做出了规定，即“合同成立以后客观情况发生了当事人在订立合同时无法预见的、非不可抗力造成的不属于商业风险的重大变化，继续履行合同对于一方当事人明显不公平或者不能实现合同目的，当事人请求人民法院变更或者解除合同的，人民法院应当根据公平原则，并结合案件的实际情况确定是否变更或者解除。”随着“情势变更原则”在司法解释中的确立，在建设工程合同纠纷中，就有一些案件承包人以工程在施工过程中出现“情势变更”为由，要求增加工程价款。最高人民法院为避免滥用“情势变更原则”，特别规定：“如果根据案件的特殊情况，确需在个案中适用的，应当由高级人民法院审核。必要时应报请最高人民法院审核。”同时，最高人民法院对这一规定的理

论界定并不清晰，导致可操作性较差。因此，“情势变更原则”的规定在司法实践中的地位略显尴尬，尤其是如何正确把握“商业风险”成了工程结算中的难点。

就“情势变更”而言，“情势”即法律行为赖以成立的基础条件或客观环境，如市场环境、经济态势、社会制度及法律约束等。在建设工程合同领域中，主要涉及的“情势”有建筑材料市场、劳动力市场、政府宏观调控等；“变更”即非正常的、较大程度的变动，如建筑材料价格骤升骤降、劳动力市场供需变化、能源供需调整等。因此，当情势发生变更时，以其为基础的合同必然受到直接影响，进而导致双方当事人之间的权益严重失衡，引发相关纠纷案件。

《民法典》第五百三十三条规定：“合同成立后，合同的基础条件发生了当事人在订立合同时无法预见的、不属于商业风险的重大变化，继续履行合同对于当事人一方明显不公平的，受不利影响的当事人可以与对方重新协商；在合理期限内协商不成的，当事人可以请求人民法院或者仲裁机构变更或者解除合同。人民法院或者仲裁机构应当结合案件的实际情况，根据公平原则变更或者解除合同。”该法条规定了“情势变更原则”的核心构成要件。

根据“情势变更原则”的基本内涵，将“情势变更原则”带入建设工程合同纠纷尤其是工程价款调整与结算问题的处理中，结合建设工程领域的具体特点，总结出“情势变更原则”的五点适用条件：

（1）须有情势变更的事实，合同的基础条件发生了异常、重大变化。这里的“异常、重大变化”主要是指建设工程合同缔结签订时所处的条件环境、社会环境、经济环境、市场环境等客观情势发生变化。从当前来看，常见的变化因素主要有以下几类：

1）国家的经济、政治、法律政策发生重大改变；

2）建设工程相关的建筑材料、机械设备、劳动力等市场价格出现异常变动；

3）国际经济环境出现严重波动；

4）外汇汇率出现异常波动等。

需要注意的是，人祸、自然灾害等情况虽然会对建设工程合同产生影响，但并不在情势变更原则的适用范围内。一方面，车祸等人祸因素导致债权人、债务人死亡或丧失行为能力时，其继承人或法定代理人将继续承担合同相关的权利或义务，因此，合同可以继续履行，不构成情势变更。另一方面，因地震等自然灾害或者疫情导致合同无法履行时，属于不可抗力的范畴，此时，双方可以解除合同，也不构成情势变更原则的适用条件。

（2）“情势变更原则”仅适用于合同成立之后、履行完毕之前。如情势的异常变化发生在合同的缔结签订之前，其对双方当事人的履行能力并不能构成影响；若情势的异常变化发生在合同的缔结签订之时，受到影响的并非合同履行能力，而是合同效力；若情势的异常变化发生在合同的履行终止之后，此时合同已经过期失效，双方当事人的相关权利及义务也已结清，“情势变更原则”并不具备适用的机会和空间。因此，只有在合同缔结并正式履行后至合同履行完毕前的这段时间之内，才有“情势变更原则”适用的有效性与必要性。

（3）重大变化属于当事人不可预见且不属于商业风险的情势。情势变更针对的是当事人在订立合同时无法预见的风险，如果合同一方约定承担无限风险的，根据《建设工程工程量清单计价规范》GB 50500—2013 第 3.4.1 条的规定：“建设工程发承包，必须在招标文件、合同中明确计价中的风险内容及其范围，不得采用无限风险、所有风险或类似语句规定计价中的风险内容及范围”，上述约定一般可以视为合同对此没有约定。如果市场价格波动超过了正常商业风险，当事人仍然可以根据“情势变更”请求对工程造价进行调整。

承包人应当承担的商业风险主要取决于承包模式及合同约定，有时也要综合考虑合同约定。在一般情况下，当采用EPC发承包模式时，承包人承担的风险最大；而在施工承包模式下，承包人承担的风险最小。

（4）继续履行合同将显失公平。合同赖以存在的合理性基础因情势变更而消失后，继续履行合同将会违背当事人订立合同时的初衷，对双方当事人构成显失公平。显失公平是“情势变更原则”的适用核心，只有双方当事人在履行合同中出现较大的利益失衡时，合同才具有终止的基础和必要。

（5）“情势变更原则”的法律后果是诉请法院或者仲裁机构变更或者解除合同。

《民法典》规定的“情势变更制度”与《合同法解释（二）》主要有两大不同：其一是增加了当事人协商机制，允许当事人依据“情势变更原则”自行协商变更合同，体现了私法的意思自治和契约自由；其二是删除《合同法解释（二）》中的“不可抗力”除外条件，重塑了“情势变更”与“不可抗力”之间的关系，使得发生“不可抗力”事由时，不再只能通过不可抗力制度解除合同，还可以通过“情势变更”制度变更合同，体现对交易的鼓励，也更具有合理性。

（三）“不可抗力原则”的适用

不可抗力作为一项历史悠久的民事法律制度，贯穿于合同履行的各个阶段。1985年施行的《中华人民共和国涉外经济合同法》是我国首次在立法上对“不可抗力”做出的规定，其第二十九条第三款规定：“有下列情形之一的，当事人一方有权通知另一方解除合同……三、发生不可抗力事件，致使合同的全部义务不能履行。”自此，立法机关对该原则开始作出了更加具体以及科学的规定，“不可抗力”在我国的立法实践中愈加完善。

关于“不可抗力”的构成要件，《民法典》第一百八十条规定了不可抗力是不能预见、不能避免且不能克服的客观情况。该条款要求合同履行一方在主观上无法预见“不可抗力”事件，且客观上通过积极作为也不能避免或者消除事件的发生。

《中华人民共和国标准施工招标文件》（2007年版）第21.1.1条规定：“不可抗力是指承包人和发包人在订立合同时不可预见，在工程施工过程中不可避免发生并不能克服的自然灾害和社会性突发事件，如地震、海啸、瘟疫、水灾、骚乱、暴动、战争和专用合同条款约定的其他情形。”《建设工程施工合同（示范文本）》GF-2013-0201也对“不可抗力”做出了相同规定。该两份标准文件均对“不可抗力”做出了较为详尽的规定，并列举了部分“不可抗力”情形。“不可抗力”作为阻却合同履行的一种客观情况，不仅包括自然灾害，也包括了某些特定的社会性事件。

1.“不可抗力”的责任分担

关于“不可抗力”事由出现后的责任分担，《民法典》做出了较为原则性的规定。《民法典》第五百九十条规定：“当事人一方因不可抗力不能履行合同的，根据不可抗力的影响，部分或者全部免除责任，但是法律另有规定的除外。因不可抗力不能履行合同的，应当及时通知对方，以减轻可能给对方造成的损失，并应当在合理期限内提供证明。当事人迟延履行后发生不可抗力的，不免除其违约责任。”该条从三个层面对“不可抗力”的责任分别做出规定：首先，责任的“免除程度”与“不可抗力”的影响程度直接关联，需判断“不可抗力”事由是合同无法履行的唯一原因、主要原因或是次要原因；其次，即便因“不可抗力”有权不履行合同，也需及时通知对方以减轻对方损失；最后，因迟延履行而出现的“不可抗力”情形不构成免责事由。

《建设工程工程量清单计价规范》GB 50500—2013对“不可抗力”事由发生后具体损失的负担做出了较为明确的规定，即《建设工程工程量清单计价规范》GB 50500—2013第9.11.1条规定：“因不可抗力事件导致的费用，发、承包双方应按以下原则分别承担并调整工程价款：

1　工程本身的损害、因工程损害导致第三方人员伤亡和财产损失以及运至施工场地用于施工的材料和待安装的设备的损害，由发包人承担；

2　发包人、承包人人员伤亡由其所在单位负责，并承担相应费用；

3　承包人的施工机械设备损坏及停工损失，由承包人承担；

4　停工期间，承包人应发包人要求留在施工场地的必要的管理人员及保卫人员的费用由发包人承担；

5　工程所需清理、修复费用，由发包人承担。”

2.“自然灾害预报”并不构成对“不可抗力”事由的阻却

如前文所述，“不可抗力”要求完全不可预测、不可避免、不可消除。然而，现代自然灾害预报技术已日趋成熟，对于台风、暴雨、罕见气温等情况一般均能提前做出较为准确的预测。若自然灾害已被提前预测，是否无法作为不可抗力情形？

在公报案例《××进出口公司诉天津港第二港埠有限公司港口作业合同纠纷案》案中，天津市高级人民法院判决认为，法律上所称的“不可抗力”，是指不能预见、不能避免并不能克服的客观情况。9711号风暴来临后，虽然国家海洋预报台发出预报，但在目前的科学技术条件下，从发出预报至上诉人公司的货物受损时，被上诉人港埠公司已经无能力保障应当由自己保管的全部货物的安全。因此，上诉人公司的货损，仍然属于不能避免的不可抗力造成。上诉人公司以9711号风暴已经有预报，不属于不能预见，因此认为其货损不是不可抗力造成的上诉理由，缺乏法律依据，不予支持。

最高人民法院在相关判例中也持类似观点。最高人民法院在（2017）最高法民申3253号裁定中认为，对于台风而言，根据现有技术手段，人类可能在一定程度上提前预知，但是无法准确、及时预见其发生的确切时间、地点、延续时间、影响范围等。预见的范围包括客观情况的发生及其影响程度，而本案中的损害结果正是由于无法准确预见的台风影响范围及影响程度所造成的。虽然在台风“威马逊”发生前，海南省以及海口市新闻媒体对台风“威马逊”登陆时间和最大风力进行了预报，泉州人保公司申请再审认为，通过国家海洋预报台预报的风暴潮最大增水和“潮汐表”中的天文大潮潮高可以计算出预计将会出现的最大潮高，但是上述信息仅为一种预估，并非将要发生的台风实际情况的准确反映，而且作为货物损失最直接的原因——海水倒灌并未在预报中有所体现。故原审判决认定本案台风的发生及其影响为当事人所不能预见，并无不当。

由此可见，自然灾害并非会因为可被提前预测而当然无法成为“不可抗力”事由。虽然自然灾害可被预测，但其影响范围及影响程度却无法预测，因此，依然可以构成“不可抗力”的事由。

（四）“不可抗力”与“情势变更”的区别

1. 表现形式不同

“不可抗力”事由表现为自然灾害或特定社会事件，“情势变更”则是针对当事人在订立合同时无法预见的风险。

2. 适用情形不同

“不可抗力”适用于完全不可预测，不可避免，不可消除的自然灾害或特定社会事件等情形。然而，“情势变更”事由虽也不具备可预测性，但“情势变更”事由可被克服，只是继续履行合同会造成显失公平。另外，“不可抗力”可同时适用于违约和侵权两种责任，而“情势变更”仅可适用违约责任。

3. 法律效果不同

“不可抗力”属于法定免责事由，一旦发生，当事人可因此而全部或部分免责，无须法院裁判。“情势变更”事由须经法院认定，若因此而变更或解除合同也需法院裁量。

五、索赔逾期失权的风险及应对方法

（一）索赔逾期失权的条款效力

索赔，是建设工程合同相对方未按合同条款的约定或法定要求确认本应属于自己的权利（费用增加、工期延长等）而提出的赔偿请求，是合同损失一方对自己权利的主动主张。

当发包人针对承包人提出的索赔请求时，首先要甄别承包人是否存在逾期索赔失权的情形，明确双方签订的建设工程合同条款是否存在该项内容的具体约定。实践中，有些合同仅约定承包商“应在索赔事件发生后28天内”发出索赔意向通知，却未约定承包商“未在28天内发出索赔通知失去权力”的法律后果。对此，参照“权利失效”理论，若义务人有充分且正当理由相信权利人不再行使其权利，基于诚信原则，权利人便不能再主张其权利。因此，若承包人与发包人仅就索赔时间进行了约定，但未约定超出期限后的权利丧失后果，若无其他强有力的证据证明承包人已经自愿放弃该项权利的行使，此时，发包人尚不足以得出承包人已经做出了放弃索赔权利的意思表示，不宜认定为承包人的“索赔权利失效”。

从目前的司法实践来看，若合同仅约定索赔程序，但没有约定违反索赔程序的实体后果，法院一般认为索赔的权利不受诉讼时效或除斥期间的影响。同时，对于逾期索赔失权条款的效力认定，主流观点认为该条款属于民事主体意思自治的范畴，并不违反法律法规的强制性规定，属于有效条款。

索赔期限为当事人约定的合同权利履行期限，该期限与丧失胜诉权的诉讼时效制度及丧失实体权利的除斥期间制度有明显差异，期限届满当事人并未丧失胜诉权及实体权利，因此，不能将逾期索赔失权等同于放弃诉讼时效或除斥期间进而认定其无效；另外，在承包人的自愿情形下，放弃索赔权利属于其真实意思自由，法律不应擅自加以干涉。

（二）逾期失权的补救措施

当发生索赔事件时，若逾期期限不长，可以放弃部分索赔期限为代价发出索赔通知，即以索赔请求提出日倒推28天，且在影响承包人施工期间内，开始计算索赔时间。如果逾期时间较长，建议反复发文或在会议中要求发包人对索赔事项予以明确表态或选择在补充协议、会议纪要中达成约定。即争得发包方同意对承包人要求的工期顺延天数及/或费用补偿金额进行协商，此为发包人在承包人逾期失权后对自己权利的主动放弃。

第六节　工程价款结算的常见风险与应对

“全过程法律+造价”管理是指项目建设参与方有效地利用其自身的专业知识与技术，对项目从筹建开始直到项目完成结算为止所包含的资源、成本、盈利和风险四个方面进行合理筹划和控制。在项目发包阶段，双方就要对项目开展招标控制和投标报价，从而确定合同价。而工程价款的结算，是工程建设全过程的重点，针对不同的发包模式和阶段，工程项目采取的合同价及结算方式往往有所不同，随之产生的结算风险也有所不同。

一、固定总价合同的风险及应对

（一）固定总价合同的性质及特点

固定总价合同，俗称“闭口合同”，是发包人比较愿意采用的一类计价方式。对“固定”的通常理解，是指建设工程价款一经确定，除发包人增减工程量和设计变更外，一律不予调整；所谓“总价”，是指在规定的工期内，完成合同约定范围内的工程量以及为完成该工程量而实施的全部工作的总价款。

关于固定总价合同的适用条件，在《建设工程价款结算暂行办法》（财建〔2004〕369号）第八条第一款中已做出规定，即：“发承包人在签订合同时对于工程价款的约定，可选用下列一种方式：（一）固定总价。合同工期较短且工程合同总价较低的工程，可以采用固定总价合同方式。”该条款至少包含了两个内容：其一，建设工程的主计价方式原则上只能有一种，当一个项目出现两个以上主计价方式时，很有可能导致计价方法的约定不明；其二，固定总价只适用于合同工期较短且总价较低的建设工程项目。对固定总价合同的适用范围做出如此规定的根本原因在于工期较短且总价较低的建设工程，一般在合同履约阶段很少会发生引起工程价款变化的“情势变更”的情形。

固定总价合同与其他形式的承包合同相比，工程造价通常更易于结算。因固定总价合同一般更有利于发包人自身利益，故在实践中固定总价合同被发包人广泛适用，且并不囿于制度设计时所指向的“造价低，工期短”的建设工程，也经常被用于大型基建、房建等建设工程项目。由此导致很多的固定总价合同引发争议。

（二）固定总价合同的局限性及纠纷类型

尽管对于发包人而言，固定总价合同具有众多优势，但固定总价合同并非适用于所有类型的工程项目。基于固定总价合同自身性质，其局限性主要体现在以下两个方面：

（1）固定总价合同的适用范围存在一定的局限性，更适用于功能需要明确、工程结构相对简单的项目。近年来，我国的建筑工程项目越来越庞大、复杂，特别是高层建筑更是未来建筑业发展的趋势，导致固定总价合同所发挥的作用出现了一定的局限。因固定总价合同往往约定量、价均不调整，对于相对简单的工程，工程量误差率较小，报价的准确性较高。

而对于复杂的工程，承包商漏算、错算工程量的概率较大。而发包人往往又以工程量疏漏的损失应由承包人承担为由，拒绝承包人的调价要求，从而加大了承包人的风险。

（2）固定总价合同适用于合同履行周期短的小型工程。对于建筑规模较小的工程，承包人能够最大限度地减少误差，提高施工效率，尤其是报价的准确性。同时，因合同总价的固定，使得承包人需要考虑对建筑市场材料设备的价格波动预留风险费。

此外，在大型项目固定总价合同的履行过程中，发承包人经常产生纠纷，主要表现为价格争议以及质量、工期争议。首先，价格争议一般是由于建筑市场的材料价格波动幅度较大，而承包商在签订固定总价合同时，往往无法准确估计并判断投标的风险范围（金额），从而导致商业风险频繁发生，容易出现价款的追加纠纷。另外，在合同发生变更时也容易出现纠纷，尤其是当发包人大量增加工程量时，当造价主管部门发布的信息价与市场价格之间存在差异（如信息价迟延），若不能采取有效的解决措施，一般很难达成调价。其次，是工程质量问题和工期延误。由于我国施工企业尚未形成完善的施工管理制度且大多数项目部不能严格遵守相关规定，从而导致工程质量出现问题或无法达到规定的质量标准，以及因混合过错导致工期延误的情况频发，由此引发纠纷。

（三）固定总价合同风险及应对措施

因固定总价合同的价格在招投标或直接签约时已经确定，其履行风险主要体现在市场价格波动、工程量的增减等情形。《建设工程工程量清单计价规范》GB 50500—2013 第 9. 8. 2 条规定，若合同未作有效约定，对于材料、设备价格涨跌百分之五之内的风险，由承包人自行负担；涨跌超过百分之五以外的风险，由发承包人共同负担。就工程量增减风险而言，首先要确定总价合同的对应承包范围是什么，是发包人提供的招标工程量清单，还是发包人提供的招标图纸。而根据《建设工程工程量清单计价规范》GB 50500—2013 第 4. 1. 2 条的规定，发包人应对招标工程量清单的准确性和完整性负责，承包人对招标工程量清单不负有核实的义务、更不具有修改和调整的权力。故，当采用《建设工程工程量清单计价规范》GB 50500—2013 进行招投标时，固定总价合同的对应承包范围一般是指招标工程量清单。

此外，在司法实践中，固定总价合同也存在一定的错裁/判风险。《建设工程合同司法解释（一）》第二十八条规定：“当事人约定按照固定价结算工程价款，一方当事人请求对建设工程造价进行鉴定的，人民法院不予支持。”笔者认为，该条款是基于合同法思维所做出的规定，仅是以项目承发包时签署的固定总价来约束最终的竣工结算价，并未考虑合同履约期间发生的变化。

为了减少此类争议的发生，发承包双方不仅要在合同中约定调整工程量时单价的确定方式，还应约定超过此范围的处理方式。就总价对应范围的约定，要尽可能详细地描述合同所涉及的范围，尤其是涉及双方实体利益的条款。例如，施工图纸、技术要求以及材料设备的规格品牌等，通过明确的界限划分，防止可能发生的风险。再者，还要对建设工程造价清单进行约定，克服固定总价合同的局限性。

二、固定总价合同的价格调整

在工程实务中，承包人在价款结算时，往往希望与发包人就固定总价合同的价款进行调整。关于固定总价合同价格调整问题，我们可以从履行阶段和非履行阶段两个方面加以考虑。

对于在履行阶段发生变化应当调整结算价款的情形较多，举例如下：

（1）固定总价合同对应的非承包人原因引起工程量发生变化的（含正常增加或减少，以及未完工工程），需要对变化部分的价款进行调整。即在工程量增加时，需要增加价款，在工程量减少时，需要扣减价款。因大多数项目的固定总价约定是依照投标报价或预算书的规定，故，在增加或扣减价款时，应当遵守“法定优先、有约从约以及同口径调整”的原则确定变化部分的价款。对于只有固定总价却没有总价详细组成的项目，采用“按完工比例”的方法，是处理此类特殊案件的兜底做法。

（2）固定总价合同对应的工程质量标准发生变化的，则应对变化部分调整价款。在施工过程中，若发包人指令承包人对设计图纸所使用的材料进行变更等情形时，则在结算时，发承包双方应对变更部分的价款予以调整。

（3）固定总价合同对应的合同工期发生变化时，也需要对结算价款进行调整。《建设工程工程量清单计价规范》GB 50500—2013 第 9. 8. 3 条规定：“发生合同工程工期延误的，应按照下列规定确定合同履行期的价格调整：（1）因非承包人原因导致工期延误的，计划进度日期后续工程的价格，应采用计划进度日期与实际进度日期两者的较高者。（2）因承包人原因导致工期延误的，计划进度日期后续工程的价格，应采用计划进度日期与实际进度日期两者的较低者。”需要说明的是，工程行业的交易惯例之一是承包人愿意以某个固定总价承揽一个工程时，通常会考虑到合同工期长短以及工期逾期的风险负担问题。

（4）基准日后法律法规发生变化的，也应当对合同价款进行调整。《建设工程工程量清单计价规范》GB 50500—2013 第 9. 2. 1 条规定：“招标工程以投标截止日前 28 天、非招标工程以合同签订前 28 天为基准日，其后因国家的法律、法规、规章和政策发生变化引起工程造价增加变化的，发承包双方应按照省级或行业建设主管部门或其授权的工程造价管理机构据此发布的规定调整合同价款。”据此，因法律法规、规章和政策发生变化影响合同价款的风险，发承包双方应在合同中约定由发包人承担，或直接在工程结算时调整。

同时，当采用《建设工程工程量清单计价规范》GB 50500—2013 进行招投标并签署固定总价合同的，可以参照该规范第 9 章的相关规定对结算价款进行调整，即第 9. 1. 1 条规定：“下列事项（但不限于）发生，发承包双方应当按照合同约定调整合同价款：法律法规变化、工程变更、项目特征不符、工程量清单缺项、工程量偏差、计日工、物价变化、暂估价、不可抗力、提前竣工（赶工补偿）、误期赔偿、索赔、现场签证、暂列金额、发承包双方约定的其他调整事项。”

此外，还有一类常见情形，即并非在合同履行过程中发生变化，而是在招投标阶段或合同缔约阶段就出现了问题，此时，应调整固定总价部分的价款，主要包括以下两种情况：

第一种情况：招标工程量清单的项目特征与招标图纸不符或根本就没有项目特征。《建设工程工程量清单计价规范》GB 50500—2013 第 4. 1. 2 条为强制性条文，该条规定，招标工程量清单必须作为招标文件的组成部分，其准确性和完整性应由招标人负责。同时，与《建设工程工程量清单计价规范》GB 50500—2013 相配套的《2013 建设工程计价计量规范辅导》（中国计划出版社，2013 年）明确指出，招标人对其编制工程量清单的准确性和完整性负责。投标人依据工程量清单进行投标报价，对工程量清单不负有核实的义务，更不具有修改和调整的权力。对编制质量的责任规定明确、责任具体。工程量清单作为投标人报价的共同平台，其准确性——数量不算错，其完整性——不缺陷漏项，均应由招标人负责。《建设工程工程量清单计价规范》GB 50500—2013 在第9.4.1条也规定了发包人在招标工程量清单中对项目特征的描述，应被认为是准确的和全面的，并且与实际施工要求相符合。

第二种情况：当固定总价的对应范围无法准确认定时，此时该如何结算工程款?

对此，应首先判断固定总价的“对应范围”，如判断固定总价是“包招标图纸”还是“包招标清单”，此情况的固定总价对应范围只能二选一。当二者产生争议时，是按照《建设工程工程量清单计价规范》GB 50500—2013 第4.1.2条的规定，以招标工程量清单为准?还是参照《民法典合同编》格式条款的规定，做出对招标人不利的解释?这是我们需要在个案中考虑的问题。

《建设工程工程量清单计价规范》GB 50500—2013 第2.0.12条规定：“总价合同是指发承包双方约定以施工图及其预算和有关条件进行合同价款计算、调整和确认的建设工程施工合同。”该规定意在表明，图纸范围内的工程量都包含在固定总价内，工程量一般不予调整，从而实现总价的“固定”。而“包招标清单”的固定总价，本质上是固定单价。当实际工程量与包干清单工程量存在量差时，量差本身并不在清单包干范围之内，当然要据实调整。“包招标图纸”的固定总价，招标图纸包含的工程量一般不予调整。因此，要特别注意投标报价时，应准确计算施工招标图对应的工程量。

对于“包招标清单”的固定总价，本质上属于“固定单价合同”，在投标报价时，应准确填写投标单价。若承包人按照发包人提供的招标工程量清单投标报价，发包人签发的中标通知书是对投标报价做出的回应或承诺。故，应当以“招标清单”作为固定总价的对应范围，再根据合同履行期的变化，对结算价款进行调整。

在实务中，也有观点认为，只要合同约定清楚就应当严格遵循“有约从约”。实际上，此观点并未真正理解制定工程领域相关强制性标准（或强制性条文）背后的“法理或上位法依据”。例如，《建设工程工程量清单计价规范》GB 50500—2013 第3.4.1条规定了禁止承包人承担无限风险、所有风险，且该条为强制性条款。这是因为在施工承包下，发包人可在竣工验收之前的任何阶段进行设计文件的变更修改。因此，若约定由承包人承担工艺、材料等价格上涨的无限风险，则发包人任意修改的行为，就可能违反了《民法典》的“公平原则”和“诚实信用原则”，法律就会进行干预。

三、造价结算与鉴定原则的确定方法

工程造价鉴定既是工程造价咨询业务的技术性工作，同时，也是司法审判或仲裁裁决工作的重要证据。因建设工程案件的审判阶段主要是围绕工程造价结算、质量缺陷、工期违约纠纷与司法鉴定争议的双重维度开展，为此，国家司法机关以司法解释的形式，制定了《建设工程合同司法解释（一）》，对该类问题做出了回应，以大量条文加以明确规定。

《建设工程合同司法解释（一）》第二十八条规定：“当事人约定按照固定价结算工程价款，一方当事人请求对建设工程造价进行鉴定的，人民法院不予支持。”第二十九条规定：“当事人在诉讼前已经对建设工程价款结算达成协议，诉讼中一方当事人申请对工程造价进行鉴定的，人民法院不予准许。”第三十条规定：“当事人在诉讼前共同委托有关机构、人员对建设工程造价出具咨询意见，诉讼中一方当事人不认可该咨询意见申请鉴定的，人民法院应予准许，但双方当事人明确表示受该咨询意见约束的除外。”由此可见审判机关在处理造价结算纠纷时的审慎态度。若当事人已就价款结算达成合意（包括固定总价情形）或对工程造价咨询意见达成了一致的意思表示时，审判机关也不会轻易突破该价款，而是充分尊重当事人的意思自治，不会轻易启动造价鉴定。

在司法实践中，施工合同无效的情形屡见不鲜。例如，施工合同被确认无效后，结算协议的效力该如何确定？最高人民法院在判例中对此问题做出解答［案号：（2016）最高法民终 546 号］，判决认为，结算文件约定不受合同效力的影响，应当视为当事人之间达成了新的合意，该结算文件可不受合同效力影响而独立存在。施工单位与建设单位就结算制作《结算清单》，约定以该结算作为最终结算，不受合同是否无效的影响。《结算清单》已经替代了施工合同的结算条款，故，施工合同是否无效，均不影响结算清单的效力。因此，可将最高人民法院的观点总结为："补充协议"不一定是"结算协议"，但"结算协议"一定是"补充协议"，结算协议具有独立的法律效力。

建设工程造价鉴定问题，也是在审判过程中不可回避的重要问题，且大量造价纠纷最终都会通过司法鉴定加以解决。而对于造价鉴定的全过程要点，《建设工程合同司法解释（一）》第三十二条第（一）款规定："当事人对工程造价、质量、修复费用等专门性问题有争议，人民法院认为需要鉴定的，应当向负有举证责任的当事人释明。当事人经释明未申请鉴定，虽申请鉴定但未支付鉴定费用或者拒不提供相关材料的，应当承担举证不能的法律后果。"该条款可归纳为以下几个方面：

（1）造价鉴定的启动条件。启动鉴定程序的前提条件是鉴定内容具有专业性且审判机关认为鉴定确有必要。

（2）鉴定程序的启动条件并非基于当事人的主动申请。首先，当事人提出鉴定申请后，需审判机关进行审核，做出是否同意的决定，并非只要当事人申请，审判机关就同意鉴定。其次，审判机关准许鉴定申请后，应结合当事人的申请内容及查明案件事实的客观需要，再确定委托鉴定的事项、范围、鉴定期限等情形。

在实践中，许多案件的当事人为了获取最大利益、追求较高的违约赔偿，会提出质量、工期、造价等多项工程鉴定申请，但大部分工程鉴定并非必要。此举不但导致诉讼程序拖延，甚至有可能导致企业无法开展正常的生产经营。因此，审判机关对于当事人提出的鉴定申请，应当进行审核，尽可能地缩小鉴定范围，提高诉讼效率，快速定纷止争，同时也避免当事人恶意利用鉴定程序拖延案件审判进程。

（3）审判机关对鉴定的释明义务。审判机关在审理建设工程纠纷案件中，如果认为涉及的争议问题属于建筑行业的专门性问题，需要由第三方鉴定机构予以鉴定的，应当向当事人及时说明，并指出应由哪一方当事人提出鉴定申请。

（4）当事人在鉴定中应当承担举证责任。建设工程案件中的鉴定结论属于民事诉讼程序中的证据。作为案件证据，应当经过当庭的举证、质证。鉴定程序的决定权在于审判机关，但是当事人依然承担举证责任，由负有举证责任的一方当事人提出鉴定申请。故，鉴定申请应当由当事人提出，并按照鉴定程序要求，提交鉴定需要的材料，缴纳鉴定费用，配合鉴定事项实施与完成。

（5）鉴定范围与鉴定依据。《建设工程合同司法解释（一）》第三十一条规定："当事人对部分案件事实有争议的，仅对有争议的事实进行鉴定，但争议事实范围不能确定，或者双方当事人请求对全部事实鉴定的除外。"因此，出于节约诉讼成本，减轻当事人讼累，司法鉴定并非是对全部承包范围进行鉴定，除非案情要求必须对全部事实进行鉴定的除外。

四、关于结算的意思表示瑕疵

真实自愿、意思自治是民法的基本原则。《民法典》第五条规定：“民事主体从事民事活动，应当遵循自愿原则，按照自己的意思设立、变更、终止民事法律关系。”从《民法典》的立意可以看出，民事行为的意思表示理应真实、无瑕疵。民法学说中，通常将意思表示分为行为意思、表示意思、结果意思三个层次，而论及意思表示瑕疵，通常也仅关注到意思瑕疵，即意思表示不真实这一层面。然而，在建设工程结算过程中的意思表示瑕疵却包含了表示瑕疵、意思表示不符合法律法规规定等情形。

（一）意思瑕疵

意思瑕疵，即通常意义上的意思表示不真实，具体而言包括虚假通谋、重大误解、欺诈、胁迫、乘人之危、恶意串通损害他人利益等情形。

在建设工程结算中，若结算条款、结算协议、结算金额等内容是基于非真实意思表示做出时，可依据《民法典》的相关规定请求确认该结算协议无效或撤销该结算协议。《民法典》第一百五十五条规定：“无效的或者被撤销的民事法律行为自始没有法律效力。”因此，对于非基于真实意思表示的一方（或双方），该结算行为自始不具有强制性约束效力。

（二）表示瑕疵

表示瑕疵，即意思表示错误或意思表示不清楚，基于表示瑕疵所做出的意思表示，通常被认为是可撤销的。就建设工程结算中的表示瑕疵，有一个问题值得探讨，即结算审计条款。若发承包双方仅在结算条款中约定结算金额需经审计，却并未约定将审计结果作为结算依据，此时该条款效力应当如何认定？

对此，最高人民法院在《关于建设工程承包合同案件中双方当事人已确认的工程决算价款与审计部门审计的工程决算价款不一致时如何适用法律问题的电话答复意见》中明确指出，建设工程承包合同案件应以当事人的约定作为法院判决的依据。只有在合同明确约定以审计结论作为结算依据或者合同约定不明确、合同约定无效的情况下，才能将审计结论作为判决的依据。因此，若仅仅是约定了建设工程结算需经审计程序，审计结果不能作为最终的结算依据，也对承包人不具有拘束力。据此，基于意思表示不清楚的发包人所出具的审计条款，并不足以约束承包人。

（三）显失公平

在工程实践中，承包人为了承揽工程，时常接受不合理的结算条款，或者在工程款结算中，为了尽快拿到工程款而接受不合理的结算协议。若承包人因此导致亏损时，应当如何救济？《民法典》第一百五十一条规定：“一方利用对方处于危困状态、缺乏判断能力等情形，致使民事法律行为成立时显失公平的，受损害方有权请求人民法院或者仲裁机构予以撤销。”

当然，在司法判例中，也有因结算协议显失公平而被法院予以撤销的情形。但值得一提的是，审判机关在“显失公平”的认定上较为审慎，通常不会轻易突破当事人已达成的结算协议。

（四）意思表示违反法律法规强制性规定

《民法典》第一百五十三条规定："违反法律、行政法规的强制性规定的民事法律行为无效。但是，该强制性规定不导致该民事法律行为无效的除外。"由此可见，在建设工程结算过程中，若结算意思表示违反法律法规强制性规定，该意思表示自始无效，一般是指损害了国家利益、社会公共利益或第三人的合法权益。虽然，在结算价款或付款期限等内容中，通常不会出现违反法律法规强制性规定的情形。

然而，有一问题经常被忽视，即发包人要求承包人事先签署放弃建设工程优先受偿权的约定。《建设工程合同司法解释（一）》第四十二条规定："发包人与承包人约定放弃或者限制建设工程价款优先受偿权，损害建筑工人利益，发包人根据该约定主张承包人不享有建设工程价款优先受偿权的，人民法院不予支持。"由此可见，放弃优先受偿权的意思表示因违反法律法规强制性规定而无效，除非该放弃行为不损害建筑工人权益。

（五）结算默示条款

虽然，建设工程合同必须采用书面形式，且发承包人的意思表示通常会以明示形式做出，但是，在建设工程结算实务中，也会有默示的意思表示。默示意思表示通常要求当事人于合同内拟定，作为结算默示条款，即"以送审价为准"条款。《建设工程合同司法解释（一）》第二十一条规定："当事人约定，发包人收到竣工结算文件后，在约定期限内不予答复，视为认可竣工结算文件的，按照约定处理。承包人请求按照竣工结算文件结算工程价款的，人民法院应予支持。"《建设工程合同司法解释（一）》要求对于以送审价为结算依据，发承包双方必须在合同中有完整、明确的约定。但《建设工程工程量清单计价规范》GB 50500—2013 并未要求发承包双方必须有结算默示条款的明确约定。《建设工程工程量清单计价规范》GB 50500—2013 属于国家标准，其是否具有强制性效力在实践中存在争议。故，在建设工程结算实务中，针对结算默示条款，在合同中对此予以明确约定，方为审慎、保险的做法。

五、未完工工程的结算规则

（一）施工承包下未完工工程结算规则

关于施工承包视角下未完工程的结算规则，可从固定总价、清单计价、约定不明三种情况予以讨论。

1. 总价合同未完工工程结算标准

在施工承包下，对于总价合同未完工工程结算标准，在有投标报价（或发承包双方共同确认的预算价）时，一般应当严格按照投标报价或发承包双方共同确认的预算价计算已完工程造价。因发包人接受的承包人报价不仅仅只是总价，同时也认同了分部分项的工程价款。尤其是当总价基本确定后，承包人在发包人同意其进行"不平衡报价"、对投标文件中的子项目报价进行调整时，更是体现了发承包双方对于分部分项工程价款的真实意思表示。

2. 清单计价情形下未完工工程的结算规则

《标准设计施工总承包招标文件》（2012 年版）第 22. 2. 3 款约定，因发包人违约解除合同的，发包人应在解除合同后 28 天内向承包人支付下列款项，承包人应在此期限内及时向发包人提交要求支付下列金额的有关资料和凭证：

（1）承包人发出解除合同通知前所完成工作的价款。

（2）承包人为该工程施工订购并已付款的材料、工程设备和其他物品的金额。发包人付款后，该材料、工程设备和其他物品归发包人所有。

（3）承包人为完成工程所发生的，而发包人未支付的金额。

（4）承包人撤离施工场地以及遣散承包人人员的金额。

（5）因解除合同造成的承包人损失。

（6）按合同约定在承包人发出解除合同通知前应支付给承包人的其他金额。

发包人应按本项约定支付上述金额并退还质量保证金和履约担保，但有权要求承包人支付应偿还给发包人的各项金额。

合同解除时，结算工程价款主要考虑三个部分的内容：一是反映发承包双方真实本意的已完工程合同价款；二是守约方多支出的实际费用；三是因合同解除造成守约方的实际损失。

3. 约定不明情形下的结算规则

《民法典》第五百一十条规定：“合同生效后，当事人就质量、价款或者报酬、履行地点等内容没有约定或者约定不明确的，可以协议补充；不能达成补充协议的，按照合同相关条款或者交易习惯确定。”第五百一十一条规定：“当事人就有关合同内容约定不明确，依据前条规定仍不能确定的，适用下列规定：……（二）价格或者报酬不明确的，按照订立合同时履行地的市场价格履行；依法应当执行政府定价或者政府指导价的，依照规定履行。”因此，发承包双方可就约定不明事项达成补充协议，若不能达成相关补充协议，可参照市场价或计价规范、行业惯例（政府指导价）进行结算。

（二）工程总承包下未完工工程的结算规则

按照现有观点，对于未完工的总承包工程（如 EPC）一般存有如下四种观点：①按已完工程的完工比例折算法；②按政府指导价并结合承包商组价原则法；③按已完工工程量×投标报价（类似于清单文件）法；④合同总价扣除后续的建设费用法。然而在实际操作中，前三种方法因价款构成、投标报价等原因难以真实反映承包人的实际成本，按照合同总价扣除后续建设费用法计算已完工程价款为最适宜做法。所谓“扣减续建法”，即根据工程总承包合同的总价减去因后续工程续建所需要支出的费用作为已完工程价款的结算方式。工程总承包项目一般采用总价合同形式，一般仅在业主提高建设标准、法律法规及工程领域的强制性标准发生变化及根据合同约定可调整价款等少数情况时才可以调整合同价。故，工程总承包的承包人承担的风险远远高于施工承包。而对于发包人的不当干扰，例如，指令承包人变更设计、变更施工顺序，承包人有权启动索赔程序要求补偿损失。工程总承包项目的总价合同及由承包人控制设计的性质，决定了已完工程造价一般应当按照合同总价扣除后续建设费用的方法。

对于未出具完整的施工图纸或承包人仍有优化空间的工程总承包项目来说，后续建设方案的确定应当同时满足“最经济、最合理、最可行”的原则，以此价款作为总价合同的扣款依据，否则，可能对承包人的利益造成损害。对于费用的确定，应重点关注如下内容：

（1）针对承包的不同内容分别计价。

（2）充分考虑原承包人应该承担的风险。

（3）充分考虑原承包人的创造性。

（4）交钥匙项目，重视对设备价格的确定。

六、合同提前解除工程价款如何支付

合同解除后，由此产生的争议不仅仅是工程款结算问题，更会包括质保金返还、履约保证金返还等诸多问题。

（一）工程款支付问题

《民法典》第八百零六条规定：“合同解除后，已经完成的建设工程质量合格的，发包人应当按照约定支付相应的工程价款。”因此，对于工程款的返还，工程质量合格是前提条件，此处的质量合格应当理解为满足合同约定的质量标准。然而，对于工程款应当一次性返还抑或是按照合同约定的付款方式予以支付，最高人民法院在相关判例中对第一种做法予以了支持。因此，承包人有权请求发包人将剩余工程款一次性支付。

（二）质保金返还问题

最高人民法院在唐山××房地产开发有限公司与北京市××建筑工程有限责任公司建设工程施工合同纠纷二审判决［案号：（2015）民一终字第 8 号］中指出，案涉合同已经解除，不应再按照合同约定扣除相应的工程质保金。在质保期间，如北京市××建筑工程有限责任公司施工的工程出现质量问题，唐山××房地产开发有限公司可另行主张权利。据此，合同解除后，承包人可要求发包人将质保金一并返还。但质保金的返还并不意味着免除承包人的质量保证责任。

（三）履约保证金的返还问题

因履约保证金与质保金性质相类似，均为依附于建设工程施工合同的附随款项。同理，当建设工程施工合同解除后，发包人自当返还此笔款项。对于承包人的违约行为，发包人自可另行主张。

（四）违约金问题

《民法典》第五百八十四条规定：“当事人一方不履行合同义务或履行合同义务不符合约定，造成对方损失的，损失赔偿额应当相当于因违约所造成的损失，包括合同履行后可以获得的利益。但是，不得超过违约一方订立合同时预见到或者应当预见到的因违约可能造成的损失。”因此，发承包双方无论哪一方违约致使合同解除，均应当对守约方的损失加以赔偿，对于违约金赔偿问题，合同中有约定的，一般应当从其约定。但根据《民法典》第五百八十五条规定：“当事人可以约定一方违约时应当根据违约情况向对方支付一定数额的违约金，也可以约定因违约产生的损失赔偿额的计算方法。约定的违约金低于造成的损失的，人民法院或者仲裁机构可以根据当事人的请求予以增加；约定的违约金过分高于造成的损失的，人民法院或者仲裁机构可以根据当事人的请求予以适当减少。当事人就迟延履行约定违约金的，违约方支付违约金后，还应当履行债务。”合同当事人可以申请调整。在判断约定违约金是否过高以及调低的幅度时，一般应当以对债权人造成的损失为基准。

第四章　建设工程项目全过程绩效管理

第一节　绩效管理概述

一、绩效管理的概念和内涵

（一）基本概念

1. 绩效

绩效一词最早来源于工商管理和社会经济管理，后来发展到企业管理中，尤其是在人力资源管理方面得到广泛应用。绩效反映的是人们从事某一种活动的投入产出情况。从字面看，“绩”就是成绩，“效”就是效率、效益。具体来说，“绩”主要是针对量的衡量，反映工作成绩、业绩，重点强调产出；“效”则侧重于质的衡量，是将产出和投入统一起来进行考量，重点强调结果。20 世纪 70 年代，西方国家为解决财政危机与公众信任问题，将“绩效”这一概念引入公共管理领域来衡量政府活动的效果。随着理论的发展，绩效逐渐成为一个多元化的概念，它所指的不仅仅是产出的经济性和有效性，更包括了成本、支出效率、社会进步、发展前景等内涵。

2. 绩效管理

绩效管理是政府为了提高自身的工作效率以及管理效率，构建服务型政府，实现满足人民群众日益增长的政府服务需求而开展的一系列引领、评价、评估、反馈活动，其目的在于提高政府运行效果与效率，实现政府管理的“4E”——经济（Economy）、效率（Efficiency）、效益（Effectiveness）和公平（Equity）。绩效管理作为一种先进的管理手段，其积极借鉴了企业的相关管理经验，融合了政府的综合特征，促进了政府管理效率的提升。

绩效管理强调财政支出的责任和效率，以支出结果为导向，在预算编制、预算执行、监督这一预算管理的全过程闭环中关注产出和结果，提倡以尽量小的成本为社会公众提供更多、更好的公共产品和公共服务，要求政府更加务实、高效，不断改进治理水平。绩效管理实质上是公共管理领域的制度创新，是政府发展观和政绩观的具体体现。

（二）全面实施预算绩效管理内容

1. 构建全方位绩效管理格局

预算绩效管理实施对象不断扩大，从项目绩效管理，向政策绩效评价、部门整体支出绩效管理拓展，从转移支付绩效管理，到对地方政府财政总体运行情况的绩效管理，形成政府预算、部门预算、政策和项目预算绩效的全方位管理格局。

（1）政府预算绩效管理。各级政府收入预算讲求质量，不得脱离实际制定增长目标，严禁虚收空转、收取过头税费和过度举债；支出预算统筹兼顾、勤俭节约、量力而行、讲求绩效、收支平衡，优先保障党中央、国务院决策部署和基本民生需求，不得设定过高民生标准和擅自扩大保障范围，确保财政可持续和资源配置高效。对下级政府转移支付预算体现国家战略目标和财政事权划分原则，促进地区间财力协调和区域均衡发展，推进基本公共服务均等化。

（2）部门和单位预算绩效管理。将部门和单位预算收支全面纳入绩效管理，赋予部门和资金使用单位更多的管理自主权，围绕部门和单位职责、行业发展规划，以预算资金管理为主线，统筹考虑资产和业务活动，从运行成本和管理效率、履职效能、社会效应、可持续发展能力和服务对象满意度等方面，衡量部门和单位整体及核心业务实施效果，推动提高部门和单位整体绩效水平。

（3）政策和项目预算绩效管理。从数量、质量、时效、成本、效益等方面，综合衡量政策和项目预算资金使用效果，对实施期超过一年的重大政策和项目建立周期跟踪问效，建立动态评价调整机制，到期、绩效低下的政策项目要及时清理退出。

2. 建立全过程预算绩效管理链条

（1）建立绩效评估机制。各级政府、各部门、各单位要结合预算评审、项目审批等，对新出台重大政策、项目开展事前绩效评估，重点论证立项必要性、投入经济性、绩效目标合理性、实施方案可行性、筹资合规性等，投资主管部门要加强基建投资绩效评估，评估结果作为申请预算的必备要件。各级财政部门要加强新增重大政策和项目预算审核，必要时可以组织第三方机构独立开展绩效评估，审核和评估结果作为预算安排的重要参考依据。

（2）强化绩效目标管理。各级政府、各部门、各单位编制预算时，全面设置政策、项目、专项转移支付及部门整体绩效目标，体现产出、结果、成本、效益等绩效信息，并合理匹配预算资金。财政部门将绩效目标设置作为预算安排的前置条件，进一步加强审核。绩效目标与预算同步批复、同步下达、同步公开。

（3）做好绩效运行监控。各级政府、各部门、各单位对绩效目标实现程度和预算执行进度实行“双监控”，发现问题及时纠正，确保绩效目标按期保质实现。财政部门建立重大政策、项目及转移支付绩效跟踪机制，对问题严重的暂缓或停止预算拨款；加强国库现金管理，降低资金运行成本。

（4）全面开展绩效评价。通过自评和外部评价相结合，对预算执行情况全面开展绩效评价。各级政府建立重大政策和项目预算绩效评价机制，逐步开展部门整体支出绩效评价，对下级政府财政运行情况实施综合绩效评价。各部门、各单位对预算执行情况以及政策、项目实施效果全面开展绩效自评，积极引入第三方机构开展绩效评价工作。

3. 覆盖所有财政资金

将一般公共预算、政府性基金预算、国有资本经营预算、社会保险基金预算全部纳入预算绩效管理范围。

（1）一般公共预算绩效管理。收入方面重点关注收入结构、征收效率和优惠政策实施效果；支出方面重点关注预算资金配置效率、使用效益，特别是重大政策和重点任务实施效果。

（2）政府性基金预算绩效管理。重点关注基金政策设立及延续的必要性、征收标准合理性、资金使用有效性、与一般公共预算的衔接情况，以及对政府专举借和偿还的支付能力。

（3）国有资本经营预算绩效管理。重点关注贯彻国家战略目标情况、国有资本收益上缴效果。

（4）社会保险基金预算绩效管理。重点关注各类社会保险基金精算平衡、运行风险，以及基金运营管理的有效性。

（5）其他资金。积极开展政府投资基金、主权财富基金、政府和社会资本合作（PPP）项目绩效管理。

（三）绩效管理的方向

回顾改革开放以来的发展历程，中国政府绩效管理先后经历了目标责任制、效能建设、绩效评估和全面发展的模式演进。在这个过程中，逐渐形成了具有中国特色的政府绩效管理发展之路。目前，中国正处于全面建成小康社会、实现中华民族伟大复兴的新时代，中国政府绩效管理发展也表现出法治化、多元化和科学化趋势。

1. 绩效管理发展的法治化趋势

从世界范围看，政府绩效管理对法治化和制度化的需求日益增加，法治化建设可以为政府绩效管理提供稳定的制度支持和制度保障。目前，中国政府绩效管理实践发展缺乏从上到下的全局性统筹和规划，未形成全国范围的统一管理制度。党的十八届四中全会提出的治国理政的基本方式是“依法治国”，为绩效管理法治化发展提供了制度依据，因此，政府绩效管理的法治化将成为未来中国政府绩效管理的必然趋势。

2. 评估主体的多元化趋势

由政府主导中国政府绩效管理模式具有一定的合理性和必然性。但是，仅由政府主导也存在一定局限性，政府自我评估的科学性、客观性和公信力往往会受到质疑。因此，需要引入第三方评估机构、社会公众、专家学者等评估主体的共同参与，积极构建具有中国特色的多元化政府绩效评估主体。

3. 政府绩效管理发展的科学化趋势

科学化特质是政府绩效管理实践发展的生命线。政府绩效管理的科学性直接影响政府绩效管理实施的有效性。因此，立足中国国情特点，借鉴国外相关经验，进一步提高政府绩效管理体系的科学化水平，建构中国特色的政府绩效管理模式，是未来发展的重要趋势。

（四）绩效管理的作用

实施绩效管理顺应了社会主义市场经济体制的要求，符合公共财政的根本方向。一方面，通过绩效管理使得各级政府的各个部门能够更好地各司其职，完成部门任务，将日常工作和服务质量保持甚至提高到更高的水平，获得公众普遍认可；另一方面，我国经济飞速发展，人民的物质生活水平和精神生活水平都有了质的飞跃，自然对公共服务也有了更高的要求，政府作为公共部门，要满足人民的需求就必须提高自身的行政效率，绩效管理可以提高政府预算管理水平，强化预算执行的约束性，确保财政资金使用的规范性、安全性，提高资金使用效益。

（五）绩效管理的局限性

近年来，在实施绩效管理过程中，虽然取得了一定的成功，但与预期目标仍存在差距。各个地区因实施发展的基础存在很大的差异，预算绩效管理的施行受到工作能力、制度建设等多方面因素的影响，并未获得理想的工作成效。其中相关指标无法量化、相关工作目标难以确定的情况时有发生，实现绩效管理工作与预算结合仍有很大进步空间。

二、西方国家绩效管理的形成和发展

（一）西方国家绩效管理的发展历程

绩效管理在国外有着悠久的理论研究历史和漫长的演进过程。绩效管理是在绩效评估基础上延伸拓展而来的，最初运用在企业管理中，其管理思想可以追溯到20世纪初期，弗雷德里克·温斯洛·泰勒在其编写的《科学管理原理》一书中提到，通过研究规定工人作业时间、动作和实行差别工资制从而提高生产效率。亨利·法约尔（Henri Fayol）在其经典巨著《工业管理与一般管理》一书中则将这种管理思维加以发散推广，使其在理论上可以适用于任何组织。20世纪70年代后，斯潘伯格（Spangenberg）、帕蒙特（Pamenter）、尼克尔斯（Nickols）、范德瑞（Fandray）等西方学者对传统绩效评估手段进行批判、反思、重估之后基本形成了现在的绩效管理思想。在继罗杰斯（Rogers）、艾恩斯沃斯（Ainsworth）等将相关理论丰富的基础上，绩效管理理论和方法在各类经济组织应用过程中取得了良性效应。绩效管理在企业运用中所带来的良好管理效果，也给其他行业管理者一些启示，能否将绩效管理理论优化整合，“嫁接”运用到其他管理之中？西方政府机构的大胆尝试和理论上的合理“嫁接”和“移植”，以及其他学科的交叉融合，使得政府绩效管理理论应运而生。从理论研究到实际运用，西方学者和公共机构经历了漫长的历程，从各个角度研究的政府绩效管理理论逐渐成熟，并且形成了许多实用的管理方法、手段。

首先，公共管理理论研究及发展促进了绩效管理在公共组织中的孕育和产生。纵观西方公共行政学发展历程，从19世纪末到20世纪60年代，行政学是以管理学为基础理论，侧重研究行政价值取向、组织结构、官僚体制、工作程序、工作原则，以效益和效率为导向的科学管理思想日渐成为主流，提高行政效率也成为公共行政理论与实践的终极目标。20世纪70年代后，加强对公共政策执行和管理力度的需要愈发强烈，此时政策科学和公共政策分析研究兴起正当其时，并且成为主流学派。以普雷斯曼（Pressman）、韦达夫斯基（Wildavsky）为主要代表的政策执行派，倡导将政策科学、政策分析与公共行政相结合，重点转向研究公共政策执行和项目，而非组织机构。这种公共行政研究焦点的转变，使得公共组织绩效特别是政府绩效成为人们关注的中心和焦点。同时，跨学科、跨领域交叉研究使得各种思想渗透融合、交相辉映、相互促进。许多学者和思想家们主张运用各学科理论与方法解决政府管理的实际问题，为行政管理发展与研究提供了新的思维和方法，打开了全新的视角。譬如，胡德（Hood）吸取现代经济学和私营管理的一些理念，倡导市场导向、顾客导向、提高行政质效、科学界定政府目标，实施政府绩效管理，形成一种新的公共管理理念。多元化的行政研究让公共管理研究丰富多彩，更是推进公共管理研究兼收并蓄、汲取有用成分转化为提高政府管理质效，使得政府绩效管理逐渐成为公共管理各学派的共识。

其次，在政府绩效管理理论研究方面，西方学者百家争鸣、继承开拓并举，推动相关理论研究大发展。如尼古拉斯·亨利（Nicholas Henry）把20世纪以来美国政府的行政改革分列为效率、预算、管理、私营化、再造政府五个阶段。罗杰斯（Rogers）的研究则更进一层，他提出了内部外部、员工制度的政府绩效双维模型，并且提出了政府绩效的四种具体类型。伯纳（Boyne）指出公共组织绩效应通过响应力、效率和公平等反映出来。波特利（Pollitt）在伯纳的基础上，将标准扩宽，指出公共组织绩效还应包括改善过程、提高整体效益和能力等方面。菲利普斯（Phillips）则对效益、效率、影响进行了定义和分析。

最后，西方政府绩效管理实践也为相关研究提供了大量的事实依据和参考。西方国家早在第二次世界大战前后就开始了政府绩效的理论研究和实践探索。美国政府通过使用预算绩效方面的信息，重塑联邦预算程序，使预算程序更加关注投入带来的产出，而不仅仅是投入本身。西方国家为应对科技进步、经济全球化和国际竞争以及公共福利支出扩张的压力和挑战，特别为解决财政困境和受托责任问题，普遍实施了以公共责任和服务对象为理念的政府绩效评价。随着绩效评价工作向预算编制阶段的延伸，财政绩效管理工作开始与政府投入资金结合，政府预算管理模式也相应发生了很大的变化，部分国家开始由项目支出预算管理模式转向基于绩效的预算管理模式，逐渐形成了世界性的绩效预算改革潮流，为西方国家在实现经济增长、促进就业、增加社会福利方面提供了有力的制度保障。

总而言之，西方国家学者政府绩效管理相关理论和实践研究已经有较长研究历史，并且呈现出多视角、多维度、跨学科、相交融等特点。尤其是走在政府绩效管理实践前列的英美两国所开展的系列政府改革运动，将政府绩效管理由理论变为现实，进一步深化了政府绩效管理理论研究，对国内相关研究和实践具有重要指导借鉴意义。

（二）国外建设工程绩效管理的发展

国外对于建设工程项目管理的研究起步较早，在日本、美国和欧洲国家，工程项目管理早就成为企业管理的一个重要组成部分，项目管理的进步反映着社会的进步和发展科学和技术的进步。从 20 世纪开始，项目管理体系的研究就伴随工业革命和资本主义生产力的发展而产生，美国的泰勒的科学管理理论就是在资本主义生产力发展、淘汰落后的管理模式基础上产生的。他认为管理和生产应该作为两个方面来进行讨论，检验管理和质量管理，作为企业管理的重要组成部分，也应该从企业的生产中拿出来，单独进行分析和考核。而早期的工程项目管理理论与方法的研究大多只对其中某一方面进行研究与控制，并取得了一定的成果。

20 世纪以来，随着建设工程项目的日益发展和科学理论的日益进步，同时也为了满足现阶段工程项目的管理需求，克服传统的项目管理理论与方法在以往的研究中存在的研究内容和方向过于单一的缺陷，许多专家学者针对项目管理的绩效进行了大量的研究与总结，在项目管理的绩效评价方面取得了大量的研究成果，奠定了较为扎实的理论基础。

国外的项目绩效评价是在企业管理的绩效评价中不断发展而来的，这其中也包括企业的财务型指标绩效评价和非财务型指标绩效评价。从最早的单一性财务型指标评价到后来针对工程项目发展而来的多目标集成评价，越来越多的先进企业在综合成本、质量、进度、人力等各个方面成功发明了许多极具可操作性的综合评价模型，于 20 世纪 60 年代提出的挣值法就是如此。直到目前，经过半个世纪的发展与创新，项目管理的绩效评价已经逐渐形成了完整且精确的评价管理体系，最引起重视和广泛推广的主要有平衡记分卡、管理成熟度模型、关键绩效指标等理论与方法，这些方法经过推广也已在国内不断被应用，也为国内的项目管理绩效评价提供了动力和支撑。

三、我国绩效管理的发展历程

（一）我国绩效管理的发展现状及政策要求

目前，我国经济发展进入转型期，改革开放步入攻坚期，财政管理迈入关键期。面临新阶段，适应新形势，着力推进预算绩效管理，有利于强化支出绩效，提高财政管理水平，优化政府资源配置，促进公共产品和服务质量的提升，进一步推动财政管理改革和公共财政体系建设，切实实现政府职能转变和完善政府绩效管理制度。

党中央、国务院近年来也对预算绩效管理提出了明确要求。自党的十八届三中全会首次提出“严格绩效管理，突出责任落实”，深化财税体制改革，到党的十九大进一步明确“建立全面规范透明、标准科学、约束有力的预算制度，全面实施绩效管理”的目标，再到2018年国务院发布《关于全面实施预算绩效管理的意见》，国家在建立现代财政预算制度、全面实施预算绩效管理方面的要求逐步实现由粗放向精细的转变，预算绩效管理被提升到了前所未有的水平。全面实施预算绩效管理是当前我国政府治理方式的深刻变革，是优化公共资源配置、提高政府工作效率、最大程度发挥财政资金效益的关键举措。

（二）我国建设工程项目绩效管理的发展及问题

1. 建设工程项目绩效管理的发展

国内关于建设工程项目绩效管理的研究相较于国外起步较晚，但与国外发展历程类似，国内关于项目绩效管理的研究也是从单一方面、单个目标的评价与控制逐步发展为整体的、多目标的综合管理绩效评价。当前项目评价的研究主要是站在投资者（或者是为项目提供投资贷款的银行）和政府角度。投资者或贷款银行在项目前期开展投资成本分析，对项目建成的盈利能力展开预测，判断其投入能否收回以及取得预期利润。基础设施建设工程项目进行项目评价关注的重点不仅是项目带来的经济效益，更关心项目实施后所能带来的社会效益、环境效益以及项目的可持续性发展。公共建设工程项目的评价方法通常是将各个方面整体考虑的综合评价方法。

随着建设工程项目的复杂化发展以及多项目、多层次、多组织的企业项目管理需求的不断增加，单一性目标的评价也已经难以适用于项目的实际应用，许多企业或者项目的管理人员在工程项目运营过程中需要对项目的多个目标进行集成化、综合性的考量和评价，各种集成方法和评价模型都在不断被优化，使之完美地适用于不同的项目、不同的企业。但是，目前国内对于工程项目绩效管理和评价的模型大多属于确定性评价，对于原始待评价数据的模糊性信息难以进行充分有效的处理，这就导致了项目的管理人员难以对专家知识进行完整且精确的处理和分析。

2. 建设工程项目绩效管理目前存在的问题

建设工程项目一般存在投资成本高、建设周期长、约束标准明确、严格、整体性强、环环相扣等典型特征。目前，在绩效管理过程中依然还存在以下问题。

（1）建设工程项目绩效评价未引起充分重视。近年来，全国各地多次强调绩效评价的重要意义，相继出台了各项管理办法，完善基建财政支出绩效的管理体制。但是目前，各项目的实施部门依然存在思想上未扭转过来的问题，对绩效管理重视程度较低，同时，将绩效评价理解为一种“负担”式的例行检查，开展自我绩效评价不积极，有的部门甚至拖延提交基建财政支出绩效自评表，造成评价工作开展阻力较大。

（2）建设工程项目绩效评价规章制度不够健全。建立健全基建财政支出绩效评价法律法规制度，是绩效评价工作的前提和保障。近年来，我国虽然已经出台了不少的法律法规，财政部门也配套了实施意见，但依然没有出台对财政支出绩效评价的强制性依据，财政支出绩效评价管理体系和管理指标也未明确，这就使得各级财政部门在开展财政支出绩效评价工作时“底气不足”。

（3）建设工程项目绩效评价指标设置缺乏科学性。基建财政支出绩效评价的指标体系是绩效评价工作规范、科学、持续开展的保障，如果指标体系设计得不科学、不具备操作性、与实际情况不符，在实际执行过程中就容易产生偏差。因此要将工作重点、考核的重点、群众反映的重点等方面列入考核指标中，让绩效评价工作更有意义。在实际工作中，基建财政支出绩效评价指标设定依然存在以下问题：一是可比性不强，基建项目涉及基础道路、基础设施、学校等各个不同领域和不同行业，难以进行统一的绩效比较，评分表打分时候易出现偏差，最终形成的分值不具备可比性；二是定性评价多，定量评价少，很多基建项目实施效果难以进行量化的分析，就导致一些定性的考核偏多，导致在衡量时存在浮动的偏差，影响绩效评价执行的结果；三是数据质量难把控，绩效评价的数据存在一些徇私舞弊、数据造假的情况，自评结果的质量无法准确把控；四是对结果类指标过度关注，对过程类指标颇为忽视，考核评价中对结果关注过重，例如某基建项目投资少、工期短，均远低于绩效目标，但是利用投入产出的效益来考量，评价的结果是优秀的，但是在建设过程中的选址、群众满意度等指标未必优秀，可能结果只是良好，但未列入绩效评价范围。

（4）绩效评价成果的应用不够充分。在基建项目财政支出绩效评价的成果方面，存在成果运用不充分等问题。一是一般项目财政支出绩效评价工作开展都在项目结束后，这就会导致评价结果对于项目运行偏差难以有效地干预和纠正。二是如果在项目开展支出时对其进行基建项目财政支出的绩效评价，会出现产出数据存在获取、有效性难以衡量的问题，容易产生误判，对下一阶段项目的实施造成影响。三是对于有些涉及民生改善或者和群众息息相关的项目，其绩效评价结果不高，政府相关部门很难有针对性地做出改进，如满意度等调查结果依据性不强，每个评价的群众感受也不一样，评价也没有设定具体问题。四是评价结果的信息公开渠道不完善，目前有的部门对公开还心存畏惧，担心不能处理评价结果的情况反馈，造成群众对于绩效评价的信息难以了解。

第二节　建设工程项目绩效目标管理

一、绩效目标管理概述

（一）绩效目标管理的内涵

1. 绩效目标管理的含义

绩效目标是指财政预算资金计划在一定期限内达到的产出和效果，是建设项目库、编制部门预算、实施绩效监控、开展绩效评价等的重要基础和依据，一般由预算部门在申报预算时填报，包括绩效内容、绩效指标和绩效标准。

绩效目标管理是指财政部门、各级预算部门及其所属单位以绩效目标为对象，以绩效目标的设定、审核、批复等为主要内容所开展的预算管理活动。财政部门和各级预算部门及其所属单位是绩效目标管理的主体。绩效目标管理的对象是纳入各级预算部门管理的全部资金，包括财政性资金和非财政性资金。绩效目标管理是从绩效目标出发的管理体系，是绩效责任的落实与回归过程。

2. 绩效目标的内容

（1）绩效内容。绩效内容是指绩效目标所包括的基本要素，主要有以下几个方面：

1）预期产出，包括提供的公共产品和服务的数量目标、质量目标、时效目标、成本目标等。

2）预期效果，包括经济效益、社会效益、生态效益和可持续影响等。

3）服务对象或项目受益人满意程度。

4）达到预期产出所需要的成本资源。

5）其他。

（2）绩效指标。绩效指标是绩效目标的细化和量化描述，主要包括产出指标、效益指标及满意度指标。

1）产出指标是对预期产出的描述，包括数量指标、质量指标、时效指标、成本指标等。

2）效益指标是对预期效果的描述，包括经济效益指标、社会效益指标、生态效益指标、可持续影响指标等。

3）满意度指标是反映服务对象或项目受益人的认可程度的指标。绩效指标应与绩效目标密切相关，突出重点，系统全面，便于考核。

（3）绩效标准。绩效标准是设定绩效指标具体数值时的依据或参考标准，一般包括：

1）历史标准，是指同类指标的历史数据等。

2）行业标准，是指国家公布的行业指标数据等。

3）计划标准，是指预先制订的目标、计划、预算、定额等数据。

4）财政部门认可的其他标准。

3. 绩效目标的分类

（1）按照预算支出的范围和内容划分，包括基本支出绩效目标、项目支出绩效目标和部门（单位）整体支出绩效目标。基本支出绩效目标，是指部门预算中安排的基本支出在一定期限内对本部门（单位）正常运转的预期保障程度。一般不单独设定，而是纳入部门（单位）整体支出绩效目标统筹考虑。项目支出绩效目标是依据部门职责和事业发展要求设立，并通过预算安排的项目支出在一定期限内预期达到的产出和效果。部门（单位）整体支出绩效目标是指部门及其所属单位按照确定的职责，利用部门预算整体资金在一定期限内预期达到的总体产出和效果。

项目支出绩效目标由部门整体支出绩效目标或政策绩效目标拆分而成。根据资金用途，一般可划分为业务类（事业专业类）、政策类、工程及维护类（包括基建和信息化工程）、设备购置及维护类，政府资金支出为各类项目目标的实现提供了有效保障。

这里介绍的建设工程项目属于基建工程及维护类，指针对基本工程的新建、扩建、改建等建设活动发生的建设和维护方面的支出，主要包括房屋建筑物建设、基础设施建设、建筑物与设施修缮。其中，房屋建筑物建设反映用于建造办公用房、仓库、职工生活用房等建筑物（含附属设施，如电梯、通信线路、水气管道等）的支出；基础设施建设反映用于农田设施、道路、铁路、桥梁、水坝和机场、车站、码头等公共基础设施建设方面的支出；建筑物与设施修缮反映用于房屋建筑物、公共基础设施等修缮的支出。

部门整体支出绩效目标、政策绩效目标、项目支出绩效目标又可进一步细化、量化为绩效指标，分别对职能综合效果、行业/领域综合效果、活动产出和效果进行考核，具体如图4－1所示。

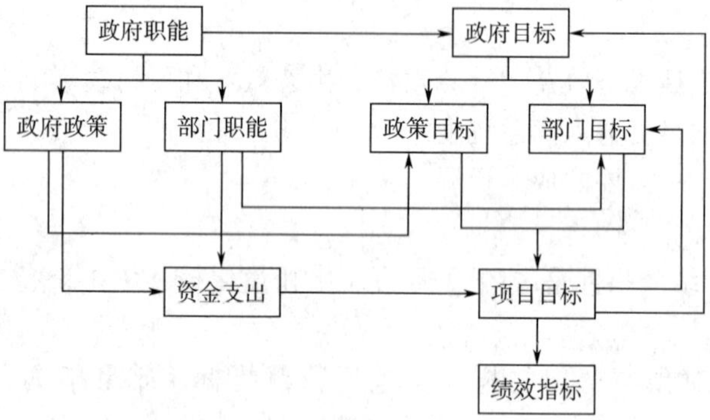

图4－1　绩效目标体系

（2）按照时效性划分，包括中长期绩效目标和年度绩效目标。中长期绩效目标是指部门预算资金在跨年度的计划期内预期达到的产出和效果。年度绩效目标是指中央部门预算资金在一个预算年度内预期达到的产出和效果。

4. 绩效目标的特征

SMART原则是衡量绩效目标是否科学、合理的基本原则。任何绩效目标的设定都应该符合SMART原则，这样才能保证目标管理的质量。了解并掌握绩效目标的特征，对于制订出科学合理的绩效目标有至关重要的意义，绩效目标的特征主要包括以下几点：

（1）明确性（Specific）。绩效目标应是指向明确的，且表达简明、高度概括的，而非模棱两可或抽象的。预算单位还需明确为达到绩效目标拟采取的工作程序、方式方法、资金需求和其他资源需求。

例如，若某公交快速路建设和修缮项目目标定位为“增强某市公共交通吸引力”，这种目标的描述就不够明确。因为增强公共交通吸引力的具体做法和判断标准不止一种，如提高公共交通的准点率、提高公共交通运营速度等，目标所指的“增强公共交通吸引力”无法进行具体量化评价。改进一下，明确目标实现的考察维度，若从准点率角度考察，则将目标定位为“提升某市公共交通的准点率达到某值”；若从运营速度角度考察，则将目标定位为“提高公共交通运营速度达到某值”。

（2）可衡量性（Measurable）。可衡量指绩效目标是数量化或者行为化的，不能以量化形式表述的，可采用定性表述，但也应具有可衡量性，验证这些绩效指标的数据或者信息是可以获得的。

比如，若目标定位为“某市人均收入水平足够高”，这一目标就是无法衡量的。足够高到底是多高？是比全国平均水平高？还是超过全球平均水平？抑或是达到全国第一？没有明确的标准就无法衡量目标的实现情况。准确地定义某市人均收入水平达到某值，达到该值则表明目标实现，否则就是目标未实现，这样的目标就具有可衡量性。

（3）可实现性（Attainable）。可实现指绩效目标是经过调查研究和科学论证，符合客观实际，能够在一定期限内如期实现的，应避免设立过高或过低的目标。

例如，若将医院建设完成时间目标定位为“1 个月完成一所三甲医院的建设”，显然，这一目标的制订不切实际，远超过一个正常的能力范围，因而这一目标缺乏实际意义。

（4）相关性（Relevant）。相关性指绩效目标与项目目标、用途、使用范围等相关，如果绩效目标与项目完全不相关，或者相关度很低，那么即使目标达到了，意义也不是很大。

例如，如果某绿化市容改造项目总目标旨在改善某市生态环境，若设置“增加该市净出口额达到某值”的这一目标，则这一目标的设置是缺乏价值的，原因在于这一目标与改善该市生态环境存在的相关性极小。若设置“增加该市绿化率达到某值”目标，这一目标与改善生态环境的许多方面都存在极大相关性，那么这一目标是有价值的。

此外，绩效目标的相关性具体又表现为多元性及匹配性。具体为：

1）多元性。公共部门的职能相对单一，但是公共服务具有外溢性，对公共价值的评价也应该具有多元特征，例如，可以同时兼顾其经济性、社会性、政治性、生态性效益等，并考虑定性与定量相结合，以定量为主。

2）匹配性。绩效目标的匹配性具体包括四层含义，一是目标与部门职责相匹配。绩效目标的设定是以部门职责为首要参考依据的。实施绩效目标管理，可有效促进部门职责的落实，但也应注意财政、预算部门（单位）和实施单位等各自的职责的不同，要在信息对称的基础上，通过契约的形式予以确认和规范，通过具体的目标和指标予以控制。二是目标与社会经济发展及部门战略发展相匹配。绩效目标是部门战略目标的分解，应与部门目标高度相关。预算部门（单位）应当在分析财政资金目标对象现状的基础上，充分考虑部门战略发展规划的要求，合理预测，制订出项目实施后达到的目标，从而实现目标与部门战略发展规划的匹配性和一致性，进而推动部门总体战略目标的实现。三是目标与预算相匹配。绩效目标是预算部门（单位）在预算申报环节的重要内容，是整个预算绩效管理体系的前提。预算单位在编制下一年度预算时，要根据地方政府关于预算编制的总体要求和财政部门的具体部署、国民经济和社会发展规划、部门职责及事业发展规划，科学合理地测算资金需求，编制预算绩效目标。同时，在进行绩效目标编制时需要考虑财政资金的投入情况，毕竟目标的实现需要受到财政预算资金量的约束。因此，绩效目标的编制要与预算的总体要求相一致，目标随预算调整而改变。四是目标与指标相匹配。绩效指标是绩效目标的具体化，绩效指标是衡量绩效目标实现的核心要素，制订与目标相匹配的指标是绩效目标管理的重要内容。绩效指标应当与绩效目标相匹配，能够正确反映目标的实现程度。绩效指标是评价目标的手段，反映绩效目标的核心内容和维度，因此，指标应随目标改变而改变。

（5）时限性（Time - based）。科学合理的绩效目标是有具体时间限制的。从宏观上来说，每个项目都有预算年度、项目周期和考查时段等时间性要求。这些条件要求目标编制时需要考虑其是否能够在这段时间内完成；从单个目标来说，只有规定其完成的时间范围才能真正发挥目标管理的作用。没有时限要求的目标，等于没有设定目标。

例如，“2017 年底某市绿化率达到某值”，2017 年底就是一个确定的时间限制。若缺少时间限制，究竟考核哪个时间段的绿化率就不明确，没有时间限制的目标就没有办法考核。目标设置要有时间限制，根据考核项目的实际情况，拟定出完成目标项目的时间要求，定期检查项目的完成进度，及时掌握项目进展的变化情况，以便根据项目进展的异常情况及时调整工作计划。

（二）绩效目标管理的主要内容

1. 绩效目标设定管理

绩效目标设定是指各部门或其所属单位按照部门预算管理和绩效目标管理的要求，编制绩效目标并向财政部门或各部门报送绩效目标的过程。绩效目标是部门预算安排的重要依据。未按要求设定绩效目标的项目支出，不得纳入项目库管理，也不得申请部门预算资金。按“谁申请资金，谁设定目标”原则，绩效目标由中央部门及其所属单位设定。

2. 绩效目标审核管理

绩效目标审核是指财政部门或中央部门对相关部门或单位报送的绩效目标进行审查核实，并将审核意见反馈相关单位，指导其修改完善绩效目标的过程。按“谁分配资金，谁审核目标”原则，绩效目标由财政部门或中央部门按照预算管理级次进行审核。根据工作需要，绩效目标可委托第三方予以审核。

3. 绩效目标批复和应用管理

绩效目标批复和应用管理是各级人民代表大会批复本级政府预算后，财政部门或中央部门对相关部门或单位报送的绩效目标进行转批复的过程。按“谁批复预算，谁批复目标”原则，财政部门和中央部门在批复年初部门预算或调整预算时，一并批复绩效目标。原则上，中央部门整体支出绩效目标、纳入绩效评价范围的项目支出绩效目标和一级项目绩效目标，由财政部批复；中央部门所属单位整体支出绩效目标和二级项目绩效目标，由中央部门或所属单位按预算管理级次批复。绩效目标确定后，一般不予调整。预算执行中因特殊原因确需调整的，应按照绩效目标管理要求和预算调整流程报批。中央部门及所属单位应按照批复的绩效目标组织预算执行，并根据设定的绩效目标开展绩效监控、绩效自评和绩效评价。

（三）绩效目标管理的意义

绩效目标管理是预算绩效管理的工作起点，在整个预算绩效管理中处于龙头地位，积极开展绩效目标管理的目的在于：

1. 强化部门（单位）的支出责任

权力源于责任，责任也源于权力。公共部门在获得财政资金时，同时也承担了绩效责任，必须对公共资金的使用和效果负责。绩效目标指导预算执行进度和支出方向，绩效目标实现到哪，预算就执行到哪，部门、单位必须按照事前设定的目标推进项目开展，合理支出预算。实施财政绩效目标管理，本质上通过贯彻目标、评价和问责等措施来实现权利、义务和责任的落实。同时，应该注意在绩效目标管理过程中，财政、预算部门（单位）和实施单位等各自的权利、义务和责任是不同的，要在信息对称的基础上，通过契约的形式予以确认和规范，通过具体的目标和指标予以控制。

2. 促进预算编制科学化

绩效目标是预算编制的基础，绩效目标与成本要素相结合指导预算编制，是预算公共价值的体现。预算审核环节，绩效目标是判断预算合理性的依据，即通过论证预算编制是否与绩效目标匹配、是否能支撑绩效目标的实现、是否会造成财政资金的浪费，最终结合绩效目标、支出标准等因素对预算金额进行审核调整，实现绩效目标与预算内容匹配。预算下达环节，绩效目标与预算同步审批下达，根据绩效目标实现要求安排预算执行计划，通过预算具体详细的执行计划推动绩效目标的实现。目标和预算的匹配可促进预算编制的科学化，最终实现“目标 = 预算 = 绩效 = 责任”。

3. 为实施事前绩效评估、绩效运行监控、开展绩效评价等工作提供依据

在起点上强化绩效目标管理，在过程中重视实施规范，能有效保障项目实施不偏离。目前，实施绩效运行监控、开展绩效评价工作的重点和难点在于指标体系的设计，围绕绩效目标开展事前绩效评估、绩效运行监控、绩效评价，对于预算支出的全过程都具有约束力。

二、建设工程项目绩效目标编制

（一）绩效目标编制的基本思路

1. 绩效目标编制的方法

绩效目标的内容上应该具有层次性和逻辑性，各个分目标和目标指标通过一定的层次结构逻辑紧密地构建在一起，反映所要考察的绩效目标。当前编制绩效目标体系常用的方法包括平衡计分卡、逻辑分析法等。

平衡计分卡提供了一种全面的评价体系，分别从财务、客户、内部流程和学习增长这四个维度视角向组织内各层次的人员传递组织的战略目标及每一步骤中他们各自的使命，并最终帮助组织达成其目标。我国政府长期以来机构人员经费膨胀，公共项目管理低效，财政支出“缺位”与“越位”现象并存，因此，回归到政府的公共服务提供者地位，树立“顾客至上”与服务意识、成本与效率观念，重视管理活动的产出、效率与服务质量，增强对社会公众需求的回应力，成为转变政府职能的重要内容。平衡计分卡恰恰鼓励管理者从客户、财务、管理过程、学习成长四个维度作为一个整体，进行综合考虑，有助于政府部门达成部门目标，可对部门发展做出远景规划，是部门绩效目标编制的常用方法。

逻辑分析法也称逻辑模型或逻辑推理法，它通过分析，借助逻辑推理思维，寻求投入、活动、产出、结果和影响等要件之间的关系，找出投入资金与产出效果之间内在联系。它能总结项目的主要关键成分，分析项目背后的基本理论，清楚地表达期望，以及如何来评价或测量效果，清楚地表明项目和期望结果之前的原因 - 效果关系，这与“要多少钱、干多少事、效果是什么”原则相一致，因此也是绩效目标编制的常用方法。

2. 绩效目标编制依据

绩效目标编制的依据一般包括：

（1）国家相关法律、法规和规章制度，国民经济和社会发展规划。

（2）部门职能、中长期发展规划、年度工作计划或项目规划。

（3）部门中期财政规划。

（4）财政部门中期和年度预算管理要求。

（5）相关历史数据、行业标准、计划标准等。

（6）符合财政部门要求的其他依据。

3. 绩效目标值的测算方法

如前所述，绩效标准一般包括历史标准、行业标准、计划标准以及其他标准等，具体在测算绩效目标值时，基于上述标准可采用的方法包括：

（1）比较法：

1）纵向比较法。纵向比较法是指对同一事物在不同时间里的发展变化进行比较的方法。在目标值测算中，该方法适用于具有可参考历史数据的目标值测算。即可根据历史年度情况，采用平均值法（3～5 年数据）、极值法等确定当年度绩效目标值，但要注意对异常历史数据的剔除。

2）横向比较法。横向比较法是指对同类的不同对象在统一标准下进行比较的方法。该方法适用于具有同类可参考数据的目标值测算。如可选取同类最佳标杆作为参考，即将同类项目中已存在的最佳业绩标准作为绩效指标标准值。

横向比较法要特别注意可比性的问题。在对绩效目标值进行比较分析时，一定要将比较建立在统一的标准之上，否则比较就失去了实际意义。在进行这一比较时应注意，必须是同类或具有相同性质的项目、政策或部门，而且最好处于同一时间区间。例如，满意度目标，类似的项目设定满意度目标时，受访人群可能是教师、老年人、交通警察。这几类人群的满意度就不可以使用横向比较的方法来确定，因为其满意度不具有可比性。

（2）计划标准参考法。计划标准参考法指将按照预先制定的要求确定绩效目标值的方法。如在校舍维修中要求抗震等级达到 A 级。

（3）综合测算法。综合测算法是指根据指将按照当年度具体情况和条件采用一定的方法测算绩效目标值的方法。如对于经常性且有明确单价标准的项目，可按预算等比例变动的标准测算目标值。财政支出受预算约束，资金是保障目标实现的重要保障。预算与目标紧密联系，二者在质和量上都是相互匹配的。从质上看，预算的支出是基于目标实现的需要，目标的实现又以预算的合理性安排为前提；从量上看，二者是相适应的，即预算的金额数与实现目标的工作量是相当的。

（二）绩效目标编制的路径及方法

项目支出绩效目标是现阶段绩效目标管理的重点，建设工程项目绩效目标也属于项目支出绩效目标，具体如表 4－1 所示。

表 4－1　基础建设修缮类项目支出绩效目标申报表

项目支出绩效目标申报表	
项目名称	基础建设、修缮类
主管部门及代码	
项目资金/万元	

续表

项目支出绩效目标申报表				
年度目标	年度目标（示例）			
	1. 完成×××新建、购建、扩建、改建建设，满足办公需求。2. 符合工程施工质量验收相关要求，按时投入使用。注：简明扼要、分条表述，从主要二级项目中提炼汇总，体现财政资金的主要使用成效			
绩效指标	一级指标	二级指标	三级指标（示例）	指标值（示例）
	产出指标	数量指标	建设、改造、修缮面积（合计）	××平方米
			建设、改造、修缮数量（合计）	××处
		质量指标	项目竣工验收合格率	≥××%
		时效指标	项目按期完成率	≥××%
	收益指标	社会效益指标	提供良好履职基础，服务社会发展能力	有所提升
	满意度指标	服务对象满意度指标	职工满意度	≥××%

资料来源：财政部预算绩效管理内部培训案例。

项目支出绩效目标主要内容应包括：预期产出目标，包括提供公共产品和服务的数量、质量、时效目标，以及达到预期产出所需要的成本和资源等；预期效果目标，包括经济效益、社会效益、环境效益和可持续影响等；衡量预期产出、预期效果和相关方满意程度方面的绩效评价指标等；为实现项目支出绩效目标所需要的保障制度、措施和工作计划，以及项目管理内容和相应目标要求等。

1. 绩效目标编制路径

首先，需做好前期分析工作。分析部门职责和战略目标，项目支出绩效目标应与部门职能及战略目标相匹配；分析项目要求和依据，对项目的功能进行梳理，包括资金性质、预期投入、支出范围、实施内容、工作任务、受益对象，明确该项目支出的功能特性。

其次，确定总体目标。依据项目的功能特性、预计项目实施在一定时期内所要达到的总体产出和结果，从而确定项目所要实现的总体绩效目标，并以定量和定性指标相结合的方式进行表述。

再次，细化总体目标为绩效指标。将项目支出的总体绩效目标进行细化分解，并从中总结提炼出最能反映总体绩效目标实现程度的关键性指标，并将其确定为相应的绩效指标。

最后，确定目标值。通过收集相关基础数据，如过去三年的平均值、平均趋势、类似项目的先进水平、行业标准等，确定绩效标准，并依据项目预期实施进展，结合预计投入的资金规模，确定绩效指标的目标值。

2. 绩效指标设计

（1）产出指标是反映预算单位根据既定目标计划预期提供的公共产品和服务情况的指标。而某一项目预期提供的公共产品和服务需要通过完成特定的活动来实现，因此，先将项目按活动进行分解之后，按照各项活动内容设计对应的产出指标，每一项进一步细化为数量指标、质量指标、时效指标和成本指标。

1）数量指标反映预算项目计划完成的公共产品或服务数量，如道路建设项目中的“道路建设长度”，医院建设项目中的“建设面积”等。

2）质量指标反映预算项目计划提供的公共产品或服务达到的标准或水平，如道路建设项目中的“道路验收合格率”和“道路等级达标率”等。

3）时效指标反映预算项目计划提供公共产品或服务的及时程度，如道路建设项目中的“道路建设完成及时性”等。

4）成本指标反映预算项目预期的资金节约情况，如道路建设项目中的“成本节约率”。

（2）效果指标是反映项目提供的公共产品和服务等产出内容投入使用后带来影响的指标，可细化为经济效益指标、社会效益指标、生态效益指标、可持续影响指标以及社会公众满意度指标等。

1）经济效益指标反映项目产出对经济发展带来的影响和效果，如旅游景区建设项目中的“景区收入增长率”指标。

2）社会效益指标反映项目产出对社会发展带来的影响和效果，如促进就业专项中的“创业带动就业率”指标。

3）生态效益指标反映项目产出对自然环境带来的效果和影响，如环境整治专项中的“空气质量优良率”指标。

4）可持续影响指标反映预算支出带来影响的可持续期限等，如卫生院新建项目中“医疗设备维护制度建立及执行情况”指标。

5）社会公众满意度指标通过利益相关群体的主观感受反映对项目支出效果的综合评价，如公交补贴项目中的“乘客满意度”指标。

项目支出效果与部门（单位）的职能活动、项目功能高度相关，效果指标并非必须包含经济、社会、环境三类效益。

（三）绩效目标审核

1. 绩效目标审核内涵

绩效目标审核是指财政部门或各部门对相关部门或单位报送的绩效目标进行审查核实，并将审核意见反馈相关单位，指导其修改完善绩效目标的过程。按“谁分配资金，谁审核目标”原则，绩效目标由财政部门或各部门按照预算管理级次进行审核。根据工作需要，绩效目标可委托第三方予以审核。财政部门要依据国家相关政策、财政支出方向和重点、部门职能及事业发展规划等对单位提出的绩效目标进行审核，包括绩效目标与部门职能的相关性、绩效目标实现所采取措施的可行性、绩效指标设置的科学性、实现绩效目标所需资金的合理性等。绩效目标审核是部门预算审核的有机组成部分。绩效目标不符合要求的，财政部门或中央部门应要求报送单位及时修改、完善。符合要求后，方可进入项目库，并进入下一步预算编审流程。各部门对所属单位报送的项目支出绩效目标和部门（单位）整体支出绩效目标进行审核。有预算分配权的部门应对预算部门提交的有关项目支出绩效目标进行审核，并据此提出资金分配建议。经审核的项目支出绩效目标，报财政部门备案。

2. 绩效目标审核内容

绩效目标审核的主要内容包括：

（1）完整性审核。绩效目标的内容是否完整，绩效目标是否明确、清晰。

（2）相关性审核。绩效目标的设定与部门职能、事业发展规划是否相关，是否对申报的绩效目标设定了相关联的绩效指标，绩效指标是否细化、量化。

（3）适当性审核。资金规模与绩效目标之间是否匹配，在既定资金规模下，绩效目标是否过高或过低；或者要完成既定绩效目标，资金规模是否过大或过小。

（4）可行性审核。绩效目标是否经过充分论证和合理测算；所采取的措施是否切实可行，并能确保绩效目标如期实现。综合考虑成本效益，是否有必要安排财政资金。

3. 绩效目标审核程序

绩效目标审核程序包括：

（1）各部门及其所属单位审核。各部门及其所属单位对下级单位报送的绩效目标进行审核，提出审核意见并反馈给下级单位。下级单位根据审核意见对相关绩效目标进行修改完善，重新提交上级单位审核，审核通过后按程序报送财政部门。

（2）财政部门审核。财政部门对各部门报送的绩效目标进行审核，提出审核意见并反馈给各部门。各部门根据财政部门审核意见对相关绩效目标进行修改完善，重新报送财政部门审核。

（四）绩效目标批复和公开

按“谁批复预算，谁批复目标”原则，财政部门和各部门在批复年初部门预算或者调整预算时，一并批复绩效目标。批复的绩效目标应当清晰、可量化，以便在预算执行过程中进行监控和预算完成后实施绩效评价时对照比较。原则上，各部门整体支出绩效目标、纳入绩效评价范围的项目支出绩效目标和一级项目绩效目标，由本级政府财政部门批复；部门所属单位整体支出绩效目标和二级项目绩效目标，由各部门或所属单位按预算管理级次批复。

绩效目标确定后，一般不予调整。预算执行中因特殊原因确需调整的，应按照绩效目标管理要求和预算调整流程报批。各部门及所属单位应按照批复的绩效目标组织预算执行，并根据设定的绩效目标开展绩效监控、绩效自评和绩效评价。

绩效目标设定情况应当按照政府信息公开有关规定在一定范围内公开。通过预算绩效目标公开，主动接受社会监督，强化各部门“花钱问效”的责任意识，推动预算资金使用效益不断提升。

三、建设工程项目绩效指标参考

建设工程项目绩效目标编制的思路与方法是一致的，但根据建设工程项目的分类不同，其绩效指标的内容也有所区别。

（一）建设工程项目的分类

按照建设工程项目的分类规则，一般分为新建、扩建、改建、更新以及技术改造，其中技术改造还分为更新以及改造，具体定义如表 4－2 所示。

表 4－2　建设工程项目的分类

建设工程项目分类		定　义
新建		从无到有，新开始建设的项目
扩建		对固定资产的功能进行扩充、延伸或增加
改建		现有企业为了提高生产效率、改变产品方向、提高产品质量或改善劳动条件等而对原有厂房、设备、工艺流程等固定资产进行的整体性技术改造
技术改造	更新	更新以恢复固定资产原有生产能力
	改造	以扩大固定资产的生产能力为目的，在原有基础上追加新的投资，使固定资产在原有基础上进行技术改造，设备更新

（二）不同分类建设工程项目的绩效指标内容

按照绩效指标的内容，从产出指标和效益指标分别对不同分类的基建工程项目的绩效指标内容进行分析和建议。当然在实际操作过程中，需按照实际建设项目情况，设计符合其特点的绩效指标。表 4－3、表 4－4 按照产出指标和效益指标，对不同建设工程类型提供了部分参考指标。

表 4－3　产出指标对不同建设工程类型的部分参考指标

指标设置			基建工程项目分类				
指标类型		指标解释	新建	扩建	改建	技术改造	
						更新	改造
产出指标	数量指标	反映项目的数量特征	建设面积、预计使用人数	扩建面积、预计使用人数	技术性改造数量	更新技术改造数量	技术改造，设备更新数量
	质量指标	反映项目的质量情况	达到建设标准要求	达到建设标准要求	达到建设标准要求	恢复到原生产能力	1. 技术改造验收通过率； 2. 设备改造验收通过率
	时效指标	反映项目计划完成执行情况	1. 建设开工、竣工、试运行等及时率； 2. 投入使用及时率	1. 建设开工、竣工、试运行等及时率； 2. 投入使用及时率	1. 建设开工、竣工、试运行等及时率； 2. 投入使用及时率	1. 技术更新及时率； 2. 技术投入及时率	1. 技术改造及时率； 2. 技术投入及时率
	成本指标	反映项目预期成本控制情况	三算一致	三算一致	三算一致 投资改造单位成本	技术更新单位成本	技术改造单位成本

表 4－4　效益指标对不同建设工程类型的部分参考指标

指标设置		项目类型	政府投资项目分类							
			新建、扩建		改建		技术改造			
							更新		改造	
指标类型	指标解释		非营利性项目	营利性项目	非营利性项目	营利性项目	非营利性项目	营利性项目	非营利性项目	营利性项目
经济效益	反映项目带来的经济收益		1. 引导社会资本注入； 2. 基础设施建设收费……	1. 企业增收； 2. 企业增税……	1. 引导社会资本注入； 2. 基础设施建设收费 ……	1. 企业增收； 2. 企业增税； 3. 企业人均增收 ……	1. 引导社会资本注入； 2. 恢复企业原有收入； 3. 成本降低率	1. 恢复企业原有收入； 2. 成本降低率	1. 引导社会资本注入； 2. 成本降低率	1. 企业增收； 2. 企业增税； 3. 企业人均增收； 4. 成本降低率
社会效益	反映项目带来的增进社会福祉方面的效果	社会公益服务	1. 岗位增加，就业增加； 2. 人均公共服务覆盖增长率； 3. 资源利用指标，如净产值综合能耗、单位产品生产耗水量	1. 就业增加； 2. 优化投资结构，协调投资比例	1. 提高生产效率； 2. 改变产品方向； 3. 提高产品质量或改善劳动条件； 4. 平衡生产能力	1. 平衡生产能力； 2. 发挥原有生产能力	1. 恢复固定资产原有生产能力； 2. 基础设施技术条件改善； 3. 产品质量提高率	1. 恢复原有创收能力； 2. 产品质量提高率	1. 扩大固定资产的生产能力； 2. 产品质量提高率	1. 扩大固定资产的生产能力； 2. 产品质量提高率

续表

指标设置		项目类型	政府投资项目分类							
			新建、扩建		改建		技术改造			
							更新		改造	
指标类型	指标解释		非营利性项目	营利性项目	非营利性项目	营利性项目	非营利性项目	营利性项目	非营利性项目	营利性项目
社会效益	反映项目带来的增进社会福祉方面的效果	农业农村、生态环境保护	1. 绿化覆盖率增长； 2. 人均绿化覆盖率增长； 3. 单位能源消耗； 4. 环保意识深入	1. 就业增加； 2. 优化投资结构，协调投资比例	1. 单位能源消耗； 2. 环保意识深入	1. 平衡生产能力； 2. 发挥原有生产能力	1. 恢复固定资产原有生产能力； 2. 基础设施技术条件改善； 3. 产品质量提高率	1. 恢复原有创收能力； 2. 产品质量提高率	1. 扩大固定资产的生产能力； 2. 产品质量提高率	1. 扩大固定资产的生产能力； 2. 产品质量提高率
		公共基础设施	1. 基础设施覆盖率增长； 2. 人均基础设施覆盖率增长； 3. 区域内主体设施正常运行保障		1. 区域内主体设施正常运行保障； 2. 公用辅助工程和生活福利设施覆盖率； 3. 人均公用辅助工程和生活福利设施覆盖增长率					

续表

指标设置		项目类型	政府投资项目分类							
			新建、扩建		改建		技术改造			
							更新		改造	
指标类型	指标解释		非营利性项目	营利性项目	非营利性项目	营利性项目	非营利性项目	营利性项目	非营利性项目	营利性项目
社会效益	反映项目带来的增进社会福祉方面的效果	社会管理、国家安全	1. 维护公共安全； 2. 社会矛盾降低率； 3. 风险防范意识深入	1. 就业增加； 2. 优化投资结构，协调投资比例	1. 维护公共安全； 2. 社会矛盾降低率； 3. 风险防范意识深入	1. 平衡生产能力； 2. 发挥原有生产能力	1. 恢复固定资产原有生产能力； 2. 基础设施技术条件改善； 3. 产品质量提高率	1. 恢复原有创收能力； 2. 产品质量提高率	1. 扩大固定资产的生产能力； 2. 产品质量提高率	1. 扩大固定资产的生产能力； 2. 产品质量提高率
		……								
生态效益	反映项目对生态环境带来的影响和贡献	农业农村、生态环境保护	1. 环境质量指数； 2. 植被覆盖率； 3. 土壤改良； 4. 水体改善，水源、河道污水改造情况；农村、城市饮用水改造情况；水体质量提升情况；污水排放事件减少率； 5. 大气改善，清洁能源利用率；废气污染降低率； 6. 资源综合利用率提升率							
		公共基础设施								
		……								

续表

<table>
<tr><th colspan="3">指标设置</th><th rowspan="4">项目类型</th><th colspan="8">政府投资项目分类</th></tr>
<tr><th colspan="2" rowspan="3">指标类型</th><th rowspan="3">指标解释</th><th colspan="2" rowspan="2">新建、扩建</th><th colspan="2" rowspan="2">改建</th><th colspan="4">技术改造</th></tr>
<tr><th colspan="2">更新</th><th colspan="2">改造</th></tr>
<tr><th>非营利性项目</th><th>营利性项目</th><th>非营利性项目</th><th>营利性项目</th><th>非营利性项目</th><th>营利性项目</th><th>非营利性项目</th><th>营利性项目</th></tr>
<tr><td>效益</td><td>可持续影响</td><td>反应能够保障项目实施的长效机制等</td><td colspan="9">1. 人员、组织机构保障；
2. 建设基础保障</td></tr>
<tr><td>满意度</td><td>服务对象满意度指标</td><td>反应受益对象、服务对象的满意程度</td><td colspan="9">1. 公共基础建设：社会大众；
2. 新建改造：直接使用对象</td></tr>
</table>

第三节　建设工程项目事前绩效评估

一、事前绩效评估概述

（一）事前绩效评估的内涵

1. 事前绩效评估的含义

事前绩效评估，是指财政部门和预算单位根据部门战略规划、事业发展规划、项目申报理由等内容，运用科学、合理的评估方法，对项目的立项必要性、投入经济性、绩效目标合理性、实施方案可行性、筹资合规性等方面进行客观、公正的评估。事前绩效评估结果作为申请预算的必备要件。各级财政部门要加强项目预算审核，必要时可以组织第三方机构独立开展绩效评估，审核和评估结果作为预算安排的重要参考依据。

事前绩效评估，有时会与预算评审混淆。事前绩效评估解决的是“是否支持”的问题，即这个项目是否纳入明年财政预算支持的范围，有哪些部分纳入明年预算支持的范围；预算评审，从时间顺序上来说，处于事前绩效评估之后，解决的是“支持多少”的问题，即根据每一项预算内容的标准、数量等进行评审，控制预算支持规模。

原则上拟纳入预算管理的财政支出都应当开展事前绩效评估。其中，拟纳入预算安排的重大项目、财政专项安排的基本建设项目、专业性强或技术复杂的项目以及中期财政规划项目应优先纳入事前绩效评估范围。

2. 事前绩效评估的意义

事前绩效评估是政府预算决策中一项重大举措，主要是为了深化对公共服务的绩效目标管理，在公共服务的供给前进行科学论证，从源头上有效避免盲目决策和不合理投资。评估内容包括项目是否应设立、项目是否存在执行及效益发挥风险、项目投入是否具有绩效性这三个问题，对项目决策和实施具有重要指导意义，其结果直接应用于预算安排，对预算资金的分配使用产生直接影响。

事前绩效评估的意义主要表现在两方面：

一是事前绩效评估对预算闭环打造至关重要。建立全过程预算绩效管理链条，需要将绩效理念和方法深度融入预算编制、执行、监督的各个环节，构建事前、事中、事后绩效管理闭环系统，包括建立绩效评估机制、强化绩效目标管理、做好绩效运行监控、开展绩效评价和加强结果应用等内容。而事前绩效评估是绩效目标管理环节的拓展与深化，有利于从源头上防控财政资源配置的低效、无效，推进全过程预算绩效管理链条的建立。

二是事前绩效评估有利于提高预算资金分配决策的科学性。一方面可及时剔除不具备相关资质、造价过高、工程量偏大或无详细预算的项目和目标明确、预期效益不明显的政策，挤出多余水分，有效保证项目的顺利实施；另一方面可督促相关部门和单位严格落实项目内容，提高预算执行率，在一定程度上解决资金滞留、沉淀、支出及项目进度缓慢等问题。通过事前绩效评估，财政部门可全面掌握行业前景、预算部门组织管理、项目实施计划等情况，进而合理安排预算资金，实现公共资源配置的优化。

（二）事前绩效评估的对象与内容

1. 评估对象

事前绩效评估以项目为评估对象，主要是与财政直接发生预算缴拨款关系的同级国家机关、政党组织、事业单位、社会团体和其他独立核算的法人组织等申请财政资金的项目，以拟列入预算的民生类、城市管理服务和城市建设类等社会关注度较高、金额较大的项目为重点。

2. 评估内容

（1）必要性评估。必要性是项目可予立项的首要衡量标准。若项目的设立没有政策依据或不符合客观需求，即必要性不足，则该项目就不应设立。

（2）可行性评估。为保障项目的顺利实施，项目实施方案、人财物等基础保障条件、相关管理制度等对项目的顺利实施都必不可少。若保障条件缺失，则该项目不具备实施的可行性。

（3）绩效目标合理性评估。项目的实施必然要消耗政府资源，因此项目的绩效目标和预算等也是在项目设立之初的关注重点。对于绩效目标设置或预算编制不合理的项目，应在项目设立前对其调整和完善。

（4）投入经济性评估。通过对项目实施过程中不同方案的成本进行测算，运用成本效益分析法，选择成本最低的实施方案。

（5）筹资合规性评估。评估项目预算中不同性质来源的资金是否符合国家相关法律法规的要求，资金来源渠道是否明确，财政支持方式是否科学等。

（三）事前绩效评估原则

（1）客观公正原则。开展财政支出项目事前评估工作的依据是依托国家相关法律、法规和规章。财政部、各省市会制订与事前评估有关的各类文件，相关部门（单位）根据职责、年度工作计划和中长期发展规划开展工作，有关行业要制定相应的政策、行业标准及专业技术规范，在工作中坚持“公开、公平、公正”。

（2）科学规范原则。财政支出事前评估工作需按照规范的程序开展定性评估和定量评估，使整个过程都科学合理地进行。

（3）依据充分原则。开展评估工作，要以充分的事实为依据。通过搜集大量的文件和资料作为参考依据，并在必要的情况下到现场进行调研和考察，为评估结论提供真实可靠的支持和依据。

（4）成本效益原则。开展事前评估工作的过程要综合考虑效益和收益，注意成本的控制，确保项目具有可操作性和项目预算在合理范围之内，减少不必要的开支。

（四）事前绩效评估的基本流程

事前绩效评估的基本流程可划分为以下几个阶段。

1. 评估准备阶段

（1）确定事前绩效评估对象。事前绩效评估管理主体根据地区经济社会发展需求和年度工作重点制订事前评估工作要求，确定评估对象和范围。

（2）下达事前绩效评估任务。各级财政部门下达事前绩效评估项目通知书，确定评估目的、内容、任务、依据、评估时间及要求等方面的情况。

（3）成立事前绩效评估工作组。第三方机构接受事前绩效评估任务，成立事前绩效评估工作组，组织开展事前绩效评估各项工作。

2. 评估实施阶段

事前绩效评估主要包括评价前期调研、评价工作方案制订、方案评审、数据采集与分析、评价报告撰写、报告评审六个环节。各实施内容具体如下：

（1）前期调研。事前绩效评估实施主体通过前期调研充分了解被评价项目或被评价单位的业务情况，同时辅导被评价单位收集准备资料，多渠道获取项目信息。

（2）评价工作方案制订。评估实施主体根据调研情况拟定具体的事前评估工作方案，主要包括项目概况、评价的对象及范围、评价思路及方法、评价指标体系、数据采集及社会调查方案、评价工作人员安排和进度计划等。

（3）方案评审。评估管理主体组织专家对方案进行论证，相关部门或单位共同参与事前评估方案评审。评估实施主体根据评审意见修改事前评估方案。

（4）数据采集与分析。评估实施主体通过文件查阅、社会调研、基础表填报等方式采集数据，并对数据进行分析。

（5）评价报告撰写。评估实施主体根据数据分析情况撰写事前绩效评估报告。报告一般包含项目概况、评估过程情况、评估分析、评估结论等内容。

（6）报告评审。评估实施主体就报告初稿与相关部门或单位进行沟通，汲取相关部分或单位提出的合理修改意见进行修改，形成报告评审稿。再由事前评估管理主体组织专家对报告进行论证，评估实施主体根据评审意见修改事前绩效评估报告，并形成报告终稿。

3. 评价结果反馈与应用阶段

事前绩效评估管理主体向被评估部门（单位）出具事前绩效评估结果反馈函，被评估部门（单位）根据反馈函中提出的问题和建议调整项目内容、绩效目标、实施方案和项目预算等，并将整改结果反馈给评估管理主体。

按照政府信息公开有关规定，事前绩效评估管理主体通过相关渠道，对评估结果进行公开。公开内容主要包括项目名称、预算金额、主管部门、主要问题、整改建议、整改情况、评估主体等。

4. 档案管理

事前绩效评估主体根据事前绩效评估管理过程中获得的相关信息，对项目支出事前绩效评估方案、评价报告、论证结论、结果应用情况等资料进行汇总归档。

二、建设工程项目事前绩效评估的思路与方法

（一）事前绩效评估的思路

事前绩效评估主要围绕必要性、可行性、绩效目标合理性、投入经济性、筹资合规性五个维度展开。

1. 必要性评估

主要解决项目要不要设立的问题。主要评估项目立项依据是否充分，项目内容与国家、地方的宏观政策、行业政策、主管部门职能和规划、当年重点工作是否相关；项目设立依据

的宏观政策是否具有可持续性，项目所在行业环境是否具有可持续性；项目是否具有现实需求、需求是否迫切，是否有可替代性，是否有确定的服务对象或受益对象；项目是否有明显的经济、社会、环境或可持续性效益，预期效益的可实现程度如何。

2. 可行性评估

主要回应项目是否存在执行及效益发挥的风险。主要评估项目组织机构是否健全，职责分工是否明确，组织管理机构是否能够可持续运转；项目内容是否明确具体，是否与绩效目标相匹配；项目实施方案是否完整、可行，与项目有关的基础设施条件，如人、财、物配套是否能够得以有效保障；项目单位及项目的各项业务和财务管理制度是否健全，技术规程、标准是否完善，是否得到有效执行；针对财政资金支持方式和市、区两级财政配套资金可能存在的风险，是否有相应的保障措施。

3. 绩效目标合理性评估

项目绩效目标设置合理性评估一般从项目是否有明确的绩效目标，绩效目标是否与部门的长期规划目标、年度工作目标相一致，项目产出和效果是否相关联，受益群体的定位是否准确，绩效目标与政策、项目要解决的问题是否匹配与现实需求是否匹配，是否具有一定的前瞻性和挑战性；绩效指标设置是否与政策、项目高度相关，是否细化、量化等方面进行分析。

4. 投入经济性评估

项目投入的经济性评估，主要是运用成本效益分析法，对项目投入的成本进行评估，通过对项目实施过程中不同方案的成本进行测算，选择成本最低的实施方案。

5. 筹资合规性评估

主要评估项目预算中不同性质来源的资金是否符合国家相关法律法规的要求，项目预算编制依据是否充分，项目预算是否与绩效目标相匹配，投入产出比是否合理等。项目资金来源渠道是否明确，各渠道资金到位时间、条件是否能够落实；财政资金支持方式是否科学合理，重大政策、项目实施中来源于不同级财政资金配套方式和承受能力是否科学合理等。

（二）事前绩效评估的方法

事前绩效评估的方法主要有因素分析法、成本效益分析法、比较法、公众评判法、专家咨询法等。

1. 因素分析法

因素分析法是指将影响项目绩效目标实现、实施效果的内外因素罗列出来，细化分析维度。综合分析影响项目绩效目标实现、实施效果的内外因素，根据不同因素的重要程度设置相应权重并评分，通过定量的方式得出评估结论。

2. 成本效益分析法

成本效益分析法适用于效益可以量化的事前绩效评估项目，是指将项目预算支出安排与预期效果进行对比分析，分析项目的有利程度，寻求以最小成本获取最大收益的投入方式。

3. 比较法

比较法是指通过对项目绩效目标与项目内容、实施部门（单位）的中长期规划目标、年度工作目标、历史情况、不同部门和地区同类型项目等进行比较，综合分析项目实施的必要性、可行性和绩效目标合理性。

4. 公众评判法

公众评判法是指通过对项目潜在受益对象和相关重要群体进行抽样调查或公众问卷的方式，获取相关数据，以此分析项目设立的现实需求度，判断项目决策的科学合理性。

5. 专家咨询法

专家咨询法是指向行业专家、绩效专家等咨询，获取专家对该项目设立的书面意见，以此作为评估的依据之一。

（三）事前绩效评估的要点

项目支出事前绩效评估以单个项目为评估对象。按照项目的特征，项目支出事前绩效评估可分为非竞争性模式和竞争性模式。

1. 非竞争性模式

非竞争性模式主要适用于以下情形：项目内容、实施主体确定但总预算不确定，没有子项目或各子项目间不存在竞争关系。

非竞争模式下的项目支出事前绩效评估统筹主要围绕项目立项必要性、项目可行性和项目实施绩效性三个维度开展。

项目立项必要性一般从立项依据充分性、需求相关性、财政投入相关性、项目设立重复性四个方面进行分析。其中，立项依据充分性指项目的立项是否与国家及地方宏观政策、行业政策是否相关，是否与申请部门职能是否相关；需求相关性指项目是否存在现实需求，需求是否迫切；财政投入相关性指项目是否属于公共财政支持范围，是否有明显的经济、社会、环境或可持续性效益；项目设立重复性指项目在部门内或与其他部门是否存在重复立项。

项目可行性一般从决策程序规范性、实施方案有效性、资金保障度、运行可持续性四个角度分析。其中，决策程序规范性指项目是否按照规定程序申请设立；实施方案有效性是指组织机构、实施计划、管理制度、管控措施等保障条件是否健全、有效；资金保障度是指资金来源、到位时间等是否能够落实；运行可持续性是指项目后续运行及成效发挥是否可持续。

项目实施绩效性一般从投入经济性、目标合理性和预算编制合理性三个角度分析。其中，投入经济性指项目投入是否经济，是否有其他更有效的替代实施方式，是否与其他来源资金存在重复；目标合理性指项目战略目标、总体目标、阶段性目标是否明确、相关、合理与科学；预算编制合理性指预算编制是否科学合理，与绩效目标是否相关联。

此外，还可依托项目入库评审机制强化事前绩效评估。依托项目库综合信息管理平台以及常态化项目入库申报机制，各申报单位可随时申报项目，同时需申报绩效目标，经过评审后的项目可入库作为储备。即事前绩效评估以入库项目为优先评估对象。

针对建设工程及维护类项目，在事前评估中重点关注：项目是否有充分的政策依据、是否能解决重大需求、当前是否具备实施的可行性、是否获得行业主管部门审批、工程概算是否明确、年度预算是否合理等。

2. 竞争性模式

竞争性模式适用于申报主体和子项目较多，但总预算有限且申报主体之间对预算资金分配具有竞争关系的情形。竞争性模式下的项目支出事前绩效评估在明确项目立项必要性的基础上，对子项目进行竞争性排序，最终决定予以支持的项目及金额。

为便于理解，这里以 201×年 A 市教育局中小学修建项目为例具体说明各环节评估思路。该项目涉及多个申报主体，涵盖小学、初中等多所下属单位，事前绩效评估思路如下。

（1）通过判定必要性筛选子项目：从政策必要性和现实需求度两个维度对申报的各子项目进行必要性判定，对于必要性不高的项目采取一票否决制，不予支持，如项目属于政策规定不可支持范围、项目需要其他主管部门报批流程但暂未获批、项目存在违规现象等；对于必要性较高的项目采取综合判定法，进入下一评估环节。

（2）通过评分对筛选后的子项目的可行性进行判定：首先，根据项目设立的整体绩效目标，从项目立项必要性和实施可行性两个维度制定指标体系，如表4－5所示。其次，对筛选出的必要性较高的子项目依次根据指标体系进行评分，并根据评分高低对各子项目进行重要性排序。最后，考虑当年度财政财力和得分情况，对于排在前列的子项目予以支持，对于排在后列的不予支持。

表4－5　201×年A市教育局中小学修建项目指标体系

一级指标	二级指标	三级指标	权重
必要性（60）	政策必要性	政策文件推动性	3
	安全性	安全隐患程度	20
	适用性	功能性、舒适性情况	10
		特色教育	3
	经济性	同类项目近三年实施情况	6
		替代性场所情况	6
	美观性	影响校园环境	8
	节能减排	节能目标达成度	4
可行性（40）	项目立项可行性	项目立项流程充分性	4
		项目实施方案完备性	4
		项目实施进度计划情况	2
	项目资金投入可行性	概算编制情况	4
		概算编制准确性	8
	项目实施管理可行性	实施过程管理制度及流程情况	3
		实施过程组织、人员情况	2
	项目长效管理可行性	建成后的长效管理制度情况	3
	项目绩效目标编制可行性	编报要素完整性	4
		绩效目标合理性	3
		绩效指标合理性	3
合计			100

（3）通过合理性评估对入选子项目的预算和绩效目标进行调整细化：对于纳入当年度预算的子项目，一方面从单价、数量、依据等角度评估预算编制的合理性，对子项目的预算进行调整，如表4－6所示；另一方面按照SMART原则和匹配性原则，对项目绩效目标进行完善。

表 4－6　201×年 A 市教育局中小学修建项目预算调整表

序号	子项目名称	工程费用名称	预算申请金额			调整后预算金额			预算调整额		
			数量/ m^2	单价/元	金额/万元	数量/ m^2	单价/元	金额/万元	数量/ m^2	单价/元	金额/万元
1	G 学校子项目 2	一、建安工程									
		1. 室内地面			19.24			12.83			－6.41
		1.1 拆除原有地板	740	40	2.96	740	10.4	0.77	0	－29.6	－2.19
		1.2 新铺强化复合地板	740	220	16.28	740	163	12.06	0	－57	－4.22
		2. 室内墙面粉刷			10.24			5.63			－4.61
		2.1 产出原有墙内粉刷	1 280	20	2.56	1 280	8	1.02	0	－12	－1.54
		2.2 内墙涂料粉刷	1 280	60	7.68	1 280	36	4.61	0	－24	－3.07
		3. 室内吊顶安装			10.04			8.89			－1.15
		3.1 拆除原有室内吊顶	410	40	1.64	410	12	0.49	0	－28	－1.15
		…									
		小计									
2	D 学校子项目 3	…									
…											

与非竞争性模式一样，对竞争性模式的项目支出开展事前绩效评估时也可依托项目入库评审机制，增强评估工作的系统性以及结果的可应用性。

通过竞争性排序，以目标—结果为导向，可较为科学合理地评判各子项目的必要性和可行性，有效解决多申报主体和多子项目之间的平衡问题，以实现项目投入的效益最大化。

在项目支出事前绩效评估指标分析的基础上，结合调研中了解到的情况，对项目支出进行客观公正地判断分析，出具相应的评估报告，为项目完善和相关部门决策提供参考依据。

三、建设工程项目事前绩效评估案例解析①

（一）项目基本情况

原×市××中心成立于1998年9月3日，2009年，按照《×市公益性事业单位优化整合方案》，原市属3家单位整合，组建新的市××中心。根据2010年市政府召开的有关工作会议纪要，会议认为，××中心项目是×市2010年为市民办8件实事之一，是市政府向全市人民承诺建设的重点民生项目。该建设于2011年获得×市发改委批复。2012年4月，×市××中心大楼开工建设，次年10月主体封顶；2014年4月完成主体验收，××中心项目各分项工程基本完工，各专业设备进入调试收尾、准备验收，具备搬迁条件。××中心搬迁费用，主要是申请对旧址遗留的大量过期药品消杀的完善，以及新址开办、运行所需基础设备配备费用，保障能够顺利搬迁，并确保搬迁后的顺利运行。

（二）评估分析

（1）实施的必要性：××中心开办及运行费实施的必要性，主要是为了实现搬迁工作顺利开展，以及搬迁后的正常运行，从立项依据必要性、履职必要性、现实需求必要性以及避免财政资金浪费必要性四方面进行分析。

经分析，为完成市政府最终的工作要求，能够更好地实现部门的履职，避免旧址带来的居住风险，同时减少财政资金的持续浪费，项目实施必要性充分。

（2）实施的可行性：××中心开办及运行费实施的可行性，主要从具备组织机构保障、制度保障、对项目预计风险保障以及具备搬迁条件四个方面进行分析。

经分析，项目组织机构健全，具备可持续性，制度建设完善，具备风险防控措施意识及具体措施，且新址基础设备已较完善，具备搬迁条件，项目实施可行。

（3）预期绩效的科学性：项目预计年度绩效目标为通过完成市××中心旧址遗留过期药品清除，新址开办、运行所需基础设备配备，保障市××中心顺利完成搬迁工作，能够尽快投入运行，为运行提供基础保障。

经分析，产出效果相关联，指标受益群体明确，目标符合部门职能，且具备一定的前瞻性及可持续性，绩效指标设置较科学合理，且细化量化，预期绩效具备科学性。

（4）资金投入的合理性：项目资金由××市财政资金全额支持，资金来源明确且能落

① 该项目案例由北京佳益工程咨询有限公司提供，相关敏感数字及地区已经抹去。

实。且经过评估，项目无其他资金来源，不存在资金重复投入等风险。

(5) 支出预算的经济性：项目预算编制均能实现通过"单价×数量"计算，预算编制细化且量化。同时，各数量编制有依据，设备数量测算合理，符合现状，并能够满足新址需求。综上，项目支出预算细化且量化，预算编制有依据，预算编制依据充分，预算标准科学合理，项目支出预算具备经济性。

因此，项目资金投入具备公共性属于财政资金支持范围，且能够落实，资金投入合理。

（三）总体结论

本次评估通过对项目资料的整理，以及同相关负责人的沟通、了解，从实施的必要性、实施的可行性、预期绩效的科学性、资金投入的合理性以及支出预算的经济性进行审核、分析，了解项目实施目的、实施路径。经评估分析，市××中心开办及运行费项目实施立项依据、开展需求充分，实施必要性明确；项目实施路径清晰，有能够支撑项目开展的制度、人员保障，项目实施可行；项目预期绩效明确，且预算内容同绩效目标相符，绩效设置科学；资金途径有保障、预算测算依据充分、数据测算较准确，项目资金属于财政资金支持范围，投入合理、支出预算具备经济性。建议对该项目予以支持。

第四节　建设工程项目绩效运行监控

一、建设工程项目绩效运行监控概述

（一）绩效运行监控的内涵

1. 绩效运行监控的含义

绩效运行监控管理是预算绩效管理的重点，是指在预算执行过程中，通过动态或定期采集绩效运行数据，对预算执行的相关情况和绩效目标的实现程度进行跟踪，并在归纳分析的基础上，及时、系统地反映绩效目标实现程度和预算执行进度等，发现绩效运行偏差及时纠正，确保绩效目标如期保质保量实现的管理活动。

项目支出绩效运行监控主要针对预算部门（单位）在预算年度内开展的财政支出项目，在年初时将项目相应的年度计划及目标连同预算一同上报主管部门及财政部门，年中时主管部门或财政部门对该类项目进行绩效运行监控，主要通过对项目的产出、效果，以及为实现绩效目标所需要的保障制度、措施和工作计划等进行监控，及时、系统地反映预算执行过程中的项目绩效目标的运行情况和实现程度，纠正绩效运行偏差，确保项目正常开展，完成全年既定目标。

2. 绩效运行监控的对象

项目绩效运行监控是在项目的实施阶段，根据项目预期目标，从经济效益与社会效益兼顾的整体角度对项目的设计、计划、实施等过程环节进行全方位的技术经济、社会影响等监测、论证和评价，从而做出综合判断，为项目发展提供可靠的处理依据。目标控制是项目管理的核心任务，项目开展的所有相关工作都是为了实现对目标的有效控制。项目的绩效运行监控主要就是规范项目实施行为，避免问题的出现，确保项目能够实现项目目标。

针对项目进行的绩效运行监控，主要包括范围控制、进度控制、质量控制、风险监控和组织管理等方面，以政府投资项目的绩效运行监控为例：

（1）项目范围控制：项目范围控制包括项目最终产品或服务以及提供产品或服务的各项具体工作。相对来说，项目涉及的利益关联者复杂多样，项目工期长，投资额度大，在长期的项目实施过程中，造成范围变更的因素错综复杂，因此项目范围的调整往往会导致项目时间和项目支出等方面的变化。所以保证项目范围的合理性，防止出现不必要的范围扩张，是项目监测评估的关键任务。因此，在项目设计之初就应该明确界定整个项目的范围，并建立一套完善的项目变更的监测评估管理流程。

（2）项目进度控制：项目进度控制主要是指保证项目按照预先设定的时间期限完成项目各阶段的任务，确保项目整体工作协调有序开展并得以如期完成。在项目进度监测评估中，项目管理者应明确计划进度的关键时间节点，并对各个细分的工作任务进行跟踪，将实际进展与计划进度进行比较，监测项目工作的日程和预算执行情况。在监测过程中，一旦发现实际情况与计划不符，即出现时间偏差时，必须认真分析寻找其成因及评估对后续工作产生的影响，提出并采取必要的调整措施。

（3）项目质量控制：项目质量控制是在项目质量方针政策和标准规范等制度框架下对项目本身及其产品和服务的质量进行持续的计划、执行、监测和改进的过程。质量监测和评估是质量管理体系的重要组成部分，也是保障项目质量品质的主要手段。开展质量监测和评估应具有持续性，需随着项目进程跟踪监测并记录项目执行活动的质量结果，分析造成项目低效和质量不佳的问题及其原因，通过采取质量改进措施来提升项目品质。在评估时，需要兼顾项目过程和项目产品两个方面，质量标准既包括项目过程的质量标准，也包括项目产品的质量标准。质量监测评估的方法主要有控制图法、核验清单法、帕累托图等。

（4）项目风险监控：风险监控伴随整个项目的实施过程，包括风险监测和风险控制两层含义，它是对项目风险状况进行持续监测评估并加以控制的过程，主要工作包括建立项目风险评估与控制制度，跟踪已识别的风险，监视残余风险，识别新出现的风险，完善风险管理计划，不断减轻风险等级，确保项目安全。在项目生命周期中，风险的形成既有规律性，也有偶然性，因而风险监控应该定期或不定期地进行。风险监控的主要方法和技术包括项目风险应对审计、定期项目评估、净值分析、技术因素度量、附加风险应对计划、独立风险分析等。

3. 绩效运行监控的目的

绩效运行监控的目的，是便于财政部门和预算部门（单位）动态了解项目实施情况，促使实施方案落地。绩效运行监控过程中，通过梳理各阶段的实施内容，明确各阶段的目标；通过比较目标实现情况，找出未达成目标的“元凶”，发现管理漏洞；通过分析目标完成情况，对项目完成的可能性进行科学判断；通过及时纠偏整改，推动项目实施回到预期的轨道，确保绩效目标的实现。由此可见，绩效运行监控是促进绩效目标实现的重要举措，越来越受到财政部门和预算单位的重视，成为预算绩效管理中必要的环节。绩效运行监控的必要性主要体现在以下四个方面：

（1）绩效运行监控是提高绩效目标合理性，保障绩效目标实现的重要措施。绩效运行监控与绩效目标关系密切：一方面，绩效运行监控以绩效目标为依据，紧紧围绕绩效目标开展；另一方面，规范的绩效运行监控可提高绩效目标与项目实际的契合度。在绩效运行监控实施过程中，若发现项目执行与目标存在偏差，可分析偏差情况和原因，采取纠偏措施，保障绩效目标实现，并及时消除已产生偏差造成的负面效应，防止和预防类似问题的再次发生。

（2）绩效运行监控是促进财政与预算部门（单位）绩效责任落实的重要措施。财政部门是资金监管方，但在工作开展过程中存在一定的“重分配轻管理”，预算部门（单位）是资金使用方，在实际工作中存在一定的“重支出轻绩效”。尽管两者在预算绩效管理中扮演的角色不同，但在预算绩效责任上应当统一，通过绩效运行监控，克服“问题不被发现，或者发现相对滞后导致整改问题难度增加”等弊端，有助于财政部门合理管理资金，提高部门（单位）管理及决策的能力，对打造“高效政府”有着重要的现实意义。

（3）绩效运行监控是规范资金使用，保障预算执行进度的重要举措。首先，绩效运行监控的核心是对资金拨付和使用情况、项目进度管理有效性进行监控，对于加强预算执行、明确预算支出责任都具有促进作用，符合预算执行管理要求；其次，绩效运行监控强调在项目实施过程中进行动态跟踪，以随时了解绩效目标的实现情况和纠偏措施的执行情况，强调“动态监控”。以上两方面均呼应了加强预算执行动态监控、对资金使用的安全性和合规性进行监控的要求，能够对提升资金使用效率起到促进作用。

（4）绩效运行监控是加强国库资金管理，辅助政府决策的重要举措。在现今全面推进财政国库集中支付制度改革的情况下，加强财政国库管理，建立预警高效、反馈迅速、纠偏及时、控制有力的预算执行动态监控体系是国库管理的重要环节。相比单纯对资金监控，绩效运行监控结合项目信息，对于资金的监控管理以及相关决策能形成更有效的支撑，对财政国库集中支付各环节的支付信息进行判断、核实、处理，可及时纠正违规支付行为，强化预算支出执行监管，防范资金使用风险。

4. 绩效运行监控的原则

绩效运行监控的开展需要秉持严谨、客观的精神，遵循以下原则进行：

（1）“双监控”原则。预算绩效管理将绩效管理理念和方法引入“预算”全过程，实现预算与绩效管理的一体化，因此，绩效运行监控应该同时监控预算执行情况和绩效目标实现情况，实施“双监控”。

（2）权责统一原则。绩效运行监控是绩效管理活动中的重要环节，要求按照“谁支出，谁负责”原则开展绩效运行监控。预算部门和单位是绩效是监控的责任主体，因此要承担具体的监控工作。财政部门发挥财政监督作用，同时会同各部门做好绩效运行监控结果的运用。

（3）突出重点原则。坚持全面论和重点论的统一，绩效运行监控不仅要覆盖所有财政资金，同时财政部门在全面覆盖的基础上对重大项目也需建立全过程绩效跟踪机制。

（4）统筹协调原则。在项目过程中，行业主管部门、党委政府督查部门、审计部门都会对投资项目的实施从各自的履职角度开展监督，都发挥着一定的运行监控作用，为了避免交叉重复和力量分散，可以通过部门会商机制，形成绩效运行监控的政策和项目清单，统一方案、统一行动，形成监控合力，确保政策和项目有效执行。

（二）绩效运行监控与工程/财务监理的区别

绩效运行监控是连接绩效目的和绩效评价的中间环节，是指依据确定的绩效目标对财政支出的预算执行情况和绩效目标实现程度所开展的控制和管理活动。

工程监理是指工程监理单位受建设单位委托，根据法律法规、工程建设标准、勘察设计文件及合同，在施工阶段对建设工程质量、进度、造价进行控制，对合同、信息进行管理，对工程建设相关方的关系进行协调，并履行建设工程安全生产管理法定职责的服务活动。

财务监理是指以建设资金的运用为主线，以批准概算为底线，对建设项目进行全方位、全过程投资监理、基建财务核算管理及后评价工作，保证建设资金合理、合法、正确使用，并在不降低项目使用功能和质量要求的基础上，尽可能降低造价的一种投资管理模式。财务监理不但对项目的建安造价进行控制，而且对项目全部建设成本进行控制；不但对建设成本的合理计价负责，而且对建设资金的合理运用与核算负责；不但在项目实施阶段发挥作用，而且介入前期和竣工后阶段的相关工作。财务监理需要由造价工程师及会计师配合工作。

从图 4 - 2 可知，绩效运行监控和工程/财务监理都在施工阶段实施，但从其定义分析，还是有本质区别的。绩效运行监控更加关注建设工程实施目标是否能达成，而工程/财务监理主要关注工程实施是否符合建设标准、要求，以及资金管理的要求。但从另外一个角度分析，建设工程绩效运行监控与工程/财务监理也是有联系的，一方面，工程/财务监理的数据、资料等是绩效运行监控分析的必要资料；另一方面，建设工程绩效目标是否能实现，需要工程和财务监理共同作用，只有工程建设规范、资金使用规范，才能有效保障绩效目标的实现。

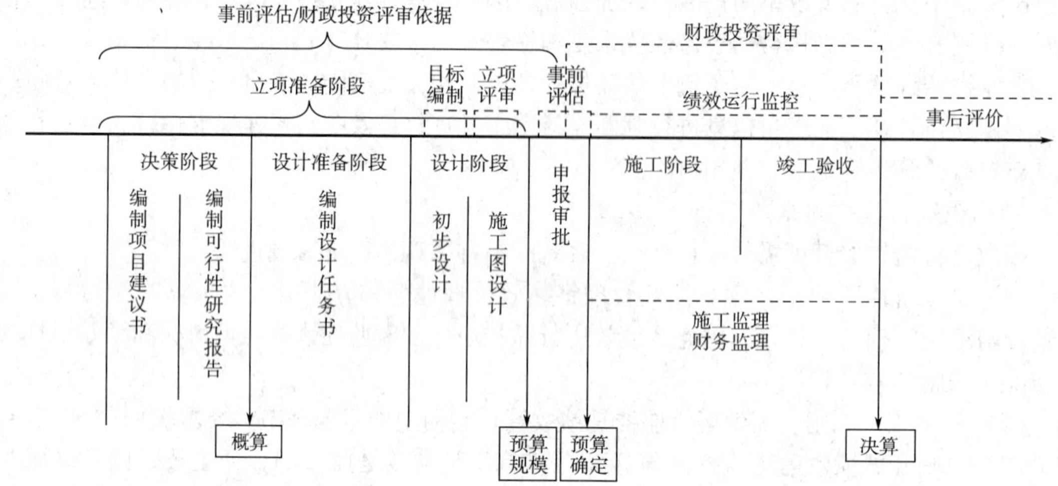

图 4 - 2　建设工程项目实施阶段图

二、建设工程项目绩效运行监控的思路及路径

（一）绩效运行监控的基本思路

总的来说，绩效运行监控的基本思路是在财政资金使用过程中，收集资金使用、项目实施进度和实现结果等方面的基本信息，确定跟踪的目标任务；通过采集数据，对比实际执行情况和绩效目标的差异情况，寻找偏差原因，为预算部门（单位）和财政部门提供系统、客观的项目实施情况信息；对预定目标完成的可能性进行分析和评价，测算和估计可能达到的产出、效果和影响等；提出绩效改进建议，以促进财政支出绩效的持续产生和不断提升，

促进项目绩效目标的顺利实现。绩效运行监控的逻辑思路如图 4－3 所示。

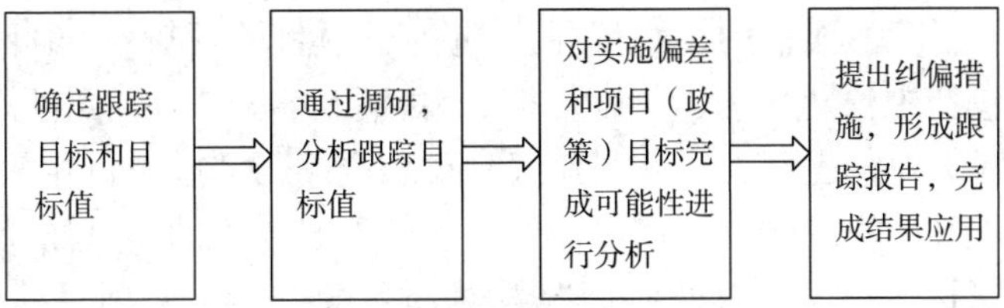

图 4－3　绩效运行监控思路图

（二）绩效运行监控的主要内容

在项目支出绩效运行监控工作开展过程中，预算部门（单位）要建立绩效监控机制，对当年项目预算中通过绩效目标评审的项目和上年结转的跨年度项目，对其绩效目标实现程度、预算执行情况和延伸情况等进行跟踪。

（1）绩效目标完成情况。一是预计产出的完成进度及趋势，包括数量、质量、时效、成本等，项目产出的数量要与实施阶段相匹配。二是预计效果的实现进度及趋势，包括经济效益、社会效益、生态效益和可持续影响等，由于跟踪重在过程，预算尚未执行完毕，项目也可能未结束，资金投入的结果也可能尚未显现。因此，结果并非跟踪的主要对象。实施过程中可以参考行业标准，进行横向比较，也可以参考历史情况，进行纵向比较。三是跟踪服务对象满意度及趋势。

（2）预算资金执行情况，包括预算资金拨付情况、预执行单位实际支出情况以及预计结转结余情况。

（3）重点政策和重大项目绩效延伸监控。必要时，可对重点政策和重大项目支出具体工作任务开展、发展趋势、实施计划调整等情况进行延伸监控。具体内容包括：政府采购、工程招标、监理和验收、信息公示、资产管理以及有关预算资金会计核算等。

（4）其他情况。除上述内容外其他需要实施绩效监控的内容。

（三）绩效运行监控的实施路径

在项目支出绩效运行监控实践过程中，为保证项目支出绩效运行监控的有序性及有效性，一般按照六步进行操作，分别为：确定跟踪目标；开展绩效运行监控；进行偏差分析；提出纠偏路径；及时实施纠偏；形成跟踪结论。绩效运行监控在一个财政年度内可以开展 1～2 次，一般对项目半年度或者前三个季度进行监控，有些项目在特殊环节（如基础建设类工程施工至竣工阶段、政府采购类采购实施至验收阶段）为保证及时跟进了解项目情况，防患项目出现偏差风险，可以每月进行动态跟踪。

1. 确定跟踪目标

在核对项目基本信息的基础上，确认项目绩效目标。

（1）前期调研。充分了解项目各方面的情况，对项目形成清晰的判断。实施主体（第三方中介或者预算单位）应与其他相关方进行充分沟通交流（第三方中介开展时需要财政部门、预算主管部门、预算单位、相关实施单位等进行沟通；预算单位自行开展绩效运行监控时需与财政部门、预算主管部门、相关实施单位等进行沟通）。前期调研需要掌握项目基本信息，如项目的名称、项目类型、项目的概况、项目立项背景和依据、项目立项的必要性、保障项目实施的制度、项目的预算安排（包括子项目的预算）、项目实施内容和计划、项目实施的目标（包括中长期目标、年度目标、总项目目标和子项目目标）等相关的信息。前期调研除了实地调研外，还可以通过文献法收集和查阅与实施项目相关的政策、文献及前期论证资料。为了让项目的概况更加直观，可对前期调研收集的信息加以整理，形成表格。

（2）确认绩效目标。根据项目调研情况及对项目的分析，对项目绩效目标进行更加准确、具体、全面的描述，修正、调整原填报内容，补充明细内容，形成准确、合理的项目绩效目标，保证绩效运行监控过程中项目绩效目标的合理性。绩效目标设定按照以下思路：

按照“合法、合规、合理”的要求，从产出、效果、目标保障情况、影响力等维度对项目的总目标和分目标重新确定。

确认目标值。结合当中预算安排、类似项目的历史数据及行业标准，对项目绩效目标的目标值进行再确认。来源主要有：计划目标——项目计划书、工作方案等；历史标准——采用历史平均水平；行业标准——行业统一标准；经验标准——结合类似项目实践以及专家经验。在项目开展过程中发生内容变更，可对绩效目标及目标值进行重新修订确认。

（3）确定跟踪目标：从完善后的绩效目标中选择绩效运行监控的主要目标，为整个绩效运行监控的后续步骤奠定基础，绩效运行监控目标的确认需考量跟踪目标值的合理性及跟踪期内相应的数据的可获得性。需要注意的是并不是所有的目标均需或者说均能在绩效监控进行跟踪，需根据项目情况选择能够进行获取数据、资料的目标进行跟踪。

2. 开展绩效运行监控

依据确定的跟踪目标，对项目进行调研，收集项目信息，确定项目跟踪值及跟踪期内实际完成值，填制《绩效跟踪表（绩效目标实现情况及纠偏表）》（见表4－7）。根据项目进展过程和预算执行情况，结合事先确定的关键事项和关键跟踪绩效指标，进行案头跟踪和实地跟踪，采集案头数据和实地数据，两者形成对照补充。

3. 进行偏差分析

确认好每一个指标对应的实际值之后，将实际值与目标值进行比较，发现绩效运行偏差，分析偏差原因。按照要求填制《绩效跟踪表（绩效目标实现情况及纠偏表）》（见表4－7），“实际值”需按照项目完成的实际情况进行填写，对照应完成的绩效目标，描述偏差情况；若存在偏差情况，需根据偏差情况总结“偏差原因”（偏差原因一般与项目管理进行关联分析）。

表4－7　绩效跟踪表（绩效目标实现情况及纠偏表）

一级目标	二级目标	修订后指标	修订后目标值	是否跟踪	跟踪值	实际值	偏差（率）	偏差原因	纠偏路径
投入和管理目标	投入管理								
	财务管理								
	项目管理								
	资产管理								

续表

一级目标	二级目标	修订后指标	修订后目标值	是否跟踪	跟踪值	实际值	偏差（率）	偏差原因	纠偏路径
产出目标	数量								
	质量								
	时效								
	成本								
效果目标	经济效益								
	社会效益								
	环境效益								
	满意度								
影响力目标	长效管理								
	人力资源								
	部门协助								
	配套设施								
	信息共享								
	其他								

4. 提出纠偏路径

依据偏差分析，结合项目实际，提出“纠偏路径”并提出纠偏建议，从预算执行或调整、项目管理及实施、制度保障等方面提出与主要问题紧密结合的、具体的、可操作的改进措施与建议。措施和建议同样可以通过表格的方式呈现，这样更加直观明了。

5. 及时实施纠偏

绩效运行情况与设定的绩效目标要求发生较大偏离时，绩效运行监控主体应及时查找问题，分析原因，采取措施，及时纠偏。绩效运行有重大偏离的，绩效运行监控主体应将相关情况及时上报主管部门或财政部门等相关职能部门，进入整改程序，对绩效运行监控中发现的问题进行必要的改进，对偏差较大的项目采取必要的干预措施等。对绩效运行监控发现无绩效或低绩效的项目，要按规定调整执行或停止执行。此外，为保证绩效运行监控能够实现及时纠偏，在纠偏路径提出之后项目单位应及时进行落实，以对后续的项目实施起到促进作用，最终保证项目整体开展结果达到项目设定初衷。

6. 形成跟踪结论

为了让财政部门、预算主管部门（单位）和预算单位对绩效运行监控的结果有更全面的了解，往往通过报告的形式形成绩效运行监控的结论。绩效运行监控报告主要包含以下内容：

（1）项目基本情况，包括项目基本性质、用途和主要内容、涉及范围，以及项目规划和计划等立项依据，项目的必要性和可行性认证，相关制度措施等情况。

（2）项目资金安排落实、总投入、支出等情况，包括财政投入资金、财政配套资金和单位自筹资金。

（3）项目的绩效目标、绩效指标及目标值设定和调整情况。

（4）项目组织管理情况，包括项目招投标情况、调整、完成验收等，项目的主要子项目或活动的实际完成情况及项目管理制度的落实情况，日常检查监督管理、质量监控等。

（5）项目实际产出情况，将项目实际产出状况与绩效目标对比，从数量、质量、可达成性等方面进行分析。

（6）根据项目实际完成情况，从经济性、效率性、效益性和公平性等方面对项目绩效目标的达成进行分析。

（7）项目组织实施和项目绩效的实际情况与目标的差异情况，分析项目实现原定绩效目标的可能性。

（8）总结跟踪中发现的主要问题，包括制度保障方面、资金使用方面、项目实施组织管理方面和项目绩效方面。

（9）提出改进措施建议，应与主要问题紧密结合，具体、即时、可操作。

三、建设工程项目绩效运行监控内容剖析及结果应用

（一）建设工程项目绩效运行监控内容剖析

建设工程项目一般在绩效运行监控阶段还没有完整的产出（部分维护项目可能存在完整产出），因此此类项目的监控指标选取主要集中在项目保障及影响力因素部分，如预算执行率、财务管理制度健全性、资金使用规范性、政府采购规范性、供应商资质完备性、项目管理制度健全性、合同管理规范性、工程变更规范性、监理工作规范性、验收工作规范性、档案管理规范性等；而对于产出指标来说，可以视项目具体情况选择性地进行跟踪，如部分信息化建设项目，在建设过程中是按照对应的功能模块进行建设，每个模块有对应的建设计划，虽然在监控阶段整个建设工程并未完成，但部分模块在项目计划中需在监控阶段内完成，针对该类项目可以对阶段性成果完成与否进行项目产出的监控；同理，部分维护项目，假设需按照月度、季度等计划开展维护工作，因此可以在跟踪期内对产出进行跟踪，如维护完成次数、维护合格率、维护响应及时性等。

（二）建设工程项目绩效运行监控结果运用

绩效运行监控结果作为以后年度预算安排和政策制定的参考，绩效监控工作情况作为部门预算绩效管理工作考核的内容。通过绩效运行监控信息深入分析预算执行进度慢、绩效水平不高的具体原因，对绩效运行监控中发现的绩效目标执行偏差和管理漏洞，应及时采取分类处置措施予以纠正：

（1）对于因政策变化、突发事件等客观因素导致预算执行进度缓慢或预计无法实现绩效目标的，要本着实事求是的原则，及时按程序调减预算，并同步调整绩效目标。

（2）对于绩效运行监控中发现严重问题的，如预算执行与绩效目标偏离较大、已经或预计造成重大损失浪费或风险等情况，应暂停项目实施，相应按照有关程序调减预算并停止拨付资金，及时纠偏止损。已开始执行的政府采购项目应当按照相关程序办理。

四、建设工程项目绩效运行监控案例解析①

（一）项目基本情况

由于始建年代久远、设施老化、立地条件退化等原因，目前××地区××绿植园规模、布局、植物数量、植物品质已不能够满足现代化植物专类园种质资源保护、展示的需要。为更好地发挥××绿植园的功能和专业特色，提升综合景观品质，××绿植园设立此项目，拟对绿植园进行全面改造。改造后总面积×× m^2，其中绿化种植面积为×× m^2，道路及广场占地面积×× m^2，水体占地面积为×× m^2。

（二）跟踪思路及指标选择

项目绩效目标的确定旨在通过科学、合理地设定绩效目标，将绩效目标与预算有机结合，提高预算单位资源优化配置效率，进一步提升财政预算资金的使用效率。与此同时，绩效目标的确定能够明确预算管理部门及实际用款单位在监督、使用、管理资金方面的责任，便于在预算执行过程中进行监控及预算执行完成后实施绩效评价时对照比较，及时发现问题，并提出改进措施。根据梳理后的项目总目标及项目年度绩效目标，跟踪组对××绿植园填报的绩效目标表进行调整，具体如表4-8所示。

表4-8　绩效目标表

一级目标	二级目标	三级目标	是否跟踪
投入管理目标	资金投入管理	预算执行率	是
	财务管理	财务管理制度健全性	是
		资金使用规范性	是
	实施管理	职能分工明确性	是
		政府采购规范性	是
		工程变更规范性	是
		项目管理规范性	是
		工程施工规范性	是
		监理工作流程规范性	是
产出目标	数量目标	工程计划完成率	否
	质量目标	牡丹植物新优品种增加率	否
		土壤改善情况	否
		基础设施完好率	否
		工程一次验收合格率	否
	时效目标	工程完成及时率	是

① 该项目案例来源于北京佳益工程咨询有限公司提供资料，相关地区、数据等敏感信息已经抹去。

续表

一级目标	二级目标	三级目标	是否跟踪
效果目标	社会效益目标	植物种植存活率	否
		新增设施使用情况	否
		科普科教展示完备性	否
		科普专项活动次数	否
		人才平台建设完成情况	否
		游客增长率	否
		游客满意度	否

（三）存在的主要问题及纠偏

1. 主要问题

专类园评审具有专业性及科学性，耗时较长，以致项目进度相对滞后。由于××绿植园对于提高××地区城市形象及地位有重要意义，故对专类园工程可行性研究报告评审有较高的专业性、科学性要求，评审专家较严谨，耗时较长，以致前期准备工作进度相对滞后。

2. 纠偏情况

针对跟踪期提出的项目实际进度与项目计划存在偏差的问题，××绿植园已根据项目实际进度进行调整，以适应项目的实际情况，避免项目因非管理问题而导致的项目整体进度拖延。

第五节　建设工程项目绩效后评价

一、绩效评价概述

（一）绩效评价的内涵

1. 绩效评价定义

所谓绩效评价，是指根据设定的绩效目标，运用科学、合理的绩效评价指标、评价标准和评价方法，对预算支出的经济性、效率性和效益性进行客观、公正的评价活动。

2. 绩效评价对象

预算绩效管理的资金都属于绩效评价的对象，也就是所有财政性资金都属于绩效评价的范围。目前在项目支出、政策和部门整体支出等均有不同程度的评价实践。

（1）项目支出绩效评价。项目支出是预算单位为完成特定的工作任务或事业发展目标，在基本的预算支出以外，财政预算专项安排的支出。项目支出绩效评价以项目支出为对象，以项目实施所带来的产出和效果为主要内容，以促进预算单位完成特定工作任务或事业发展目的所开展的绩效评价。

（2）政策绩效评价。结合当前预算绩效评价工作开展的实际，与前述政策绩效运行监控一致，本节所述政策绩效评价未有特定指向的均为财政专项资金政策绩效评价。财政专项资金绩效评价的对象是用于实施财政支出政策的专项资金。由于专项资金具有专门指定用途或特殊用途，一般都会要求进行单独核算、专款专用，并且有严格的管理规范要求。因此，除与项目支出绩效评价均关注资金与项目外，评价还要关注政策制定和执行的过程，并在效果评价中侧重于公平性、响应性等价值标准判断，从而为政策是否存续、调整等提供依据。

（3）部门整体支出绩效评价。部门整体支出是指财政部门批复的部门预算中所包括的全部支出，既包括基本支出，也包括项目支出。部门整体支出绩效评价是以部门预算资金为对象，以部门所有支出所达到的产出和效果为主要内容，以促进部门高效履职为目的所开展的评价活动。

3. 绩效评价目的

从财政预算绩效管理的需求，以及绩效评价管理的内涵出发，绩效评价管理的目的主要包括以下方面：一是向相关方提供财政支出绩效方面的重要信息，帮助决策者做出合理的资源配置决定，提高决策水平；二是对财政支出运行及效率提供及时、有效的信息，帮助管理者改进财政支出管理，从而提高财政资金的使用绩效；三是通过绩效评价结果的公开、问责与应用，促进政府部门分配、使用公共资金的责任感。

综合来看，通过财政支出开展有效的绩效评价管理，发现预算资金在政策或项目立项、执行管理中制度保障、实际操作方面的缺陷和薄弱环节，同时总结提炼项目、政策和部门的经验做法，为政府和预算部门（单位）改进政策和项目管理、完善政策和预算管理提供可行性参考建议，为下一年预算编制与评审提供充分有效的依据，以达到改进预算管理，控制节约成本，优化资源配置，为社会提供更多、更好的公共产品和服务，提高预算资金的使用效益的目的。

（二）建设工程绩效评价与工程验收的区别

绩效评价是指依据设定的绩效目标，对项目支出的经济性、效率性、效益性和公平性进行客观、公正的测量、分析和评判。

工程竣工验收是指建设工程依照国家有关法律、法规及工程建设规范、标准的规定完成工程设计文件要求和合同约定的各项内容，建设单位已取得政府有关主管部门（或其委托机构）出具的工程施工质量、消防、规划、环保、城建等验收文件或准许使用文件后，组织工程竣工验收并编制完成《建设工程竣工验收报告》。

从工程建设时间轴看，建设工程绩效评价需要等工程验收后实施；从实施内容看，绩效评价更加关注该建设工程项目是否达到了其原有设定的绩效目标，即建设目的是否实现，而工程验收更加关注工程建设是否符合相关设计及建设标准等。一个是从结果出发，另一个是从技术出发。当然两者也是有联系的，工程验收的规范性是绩效评价的内容之一。

二、建设工程项目绩效评价思路和方法

（一）绩效评价的基本思路

1. 评价目的和依据

为确定评价思路，首先，应明确评价目的，即通过评价所要实现的目标，体现评价的最终价值，是整个评价工作的基本导向，解决为什么评价的问题。其次，进一步说明确定此评价思路的原因，说明为什么要这样评价的理由。最后，概述评价实施路径，即为了实现该评价思

路，将采用何种评价方法、获取哪些评价信息以及通过何种方式获取，并明确评价依据。

此外，还可根据项目特性，结合评价需求，设定个性化的评价目的，如项目成本测算、支出定额标准建设等。无特殊评价目的的项目，可结合项目支出绩效评价的经验，依据项目评价重点梳理评价目的。为达到评价目的，需要选取适当的评价方法。常用的绩效评价方法是指标评价法，但根据评价对象的具体情况，可以采用一种或多种方法进行绩效评价。

评价依据则是要回答依据什么评价的问题，即要阐明法律、政策、技术、管理等支撑条件，包括行业管理和财政管理要求等。其中，行业管理要求是项目管理要求、产出和效果指标评价标准的主要来源，财政管理要求主要是对资金管理、评价总体要求和实施规范等做出规定。

绩效评价的主要依据包括：国家、本地区相关法律、法规和规章制度；国家、本地区各级政府制定的国民经济与社会发展规划和方针政策；预算管理制度、资金及财务管理办法、财务会计资料；预算部门职能职责、中长期发展规划及年度工作计划；相关行业政策、行业标准及专业技术规范；预算批复、绩效目标、专项转移支付、年度决算报表和报告及相关资料；审计报告及决定、财政监督检查报告和其他相关资料。

2. 评价对象和范围

项目支出绩效评价的对象一般是指被评价项目所对应的预算资金，明确项目单位、项目实施年度、项目名称和资金金额，如“该评价对象为2020年某文化馆改建项目，预算资金5 000万元”等。

除特殊情况外，评价范围通常应当覆盖项目预算资金支出的所有内容和区域，一方面应对项目整个实施过程的评价内容进行描述，包括项目决策、项目实施和项目成果验收流程等；另一方面可描述项目评价覆盖行政区域或群体情况；此外还应对项目实施内容进行介绍，明确被评价部分。如前期了解已经明确项目某部分的实施存在特殊情况，不在评价范围内或不是此次评价重点，应在评价对象和范围部分进行明确。

3. 评价时段的确定

评价时段的确定也就是明确绩效评价的基准日。项目支出绩效评价一般以预算年度为评价时段，但对跨年度的重大、重点项目，可根据项目或支出完成情况确定评价时段。基建工程类项目，立项前通常会有较长的可行性研究时段，且通常难以在投入使用后迅速产生效益，针对此种情况，应集合项目实际情况确定合理评价时段，并在方案中说明评价时段确定的理由。

（二）绩效评价的方法

绩效评价有多重目标和多元取证方式。评价过程会产生大量绩效信息，有些以货币计量，有些不可货币化；有些是量化的客观数据，也存在不能量化的其他信息。因此，绩效评价应坚持“价值标准”和“事实标准”并重的原则，采取定量和定性相结合的分析方法，以定量分析为主，定性分析为辅。

当前，预算绩效评价主要采用指标分析法进行评价。指标分析法的应用旨在通过指标分析结果的提炼，反映对政策、项目的制订、执行、实现效果等各个环节的判断结果，重点剖析部门、政策、项目设立的科学性、严谨性，政策和项目时效的严肃性，资金分配的合理性、规范性，资金使用审核和监管机制的健全性，政策和项目实施的有效性和效果的充分性。要分析判断政策和项目是否存在重复享受、支持对象或目标重叠情况（包括本部门专项资金和项目之间的交叉，以及与其他部门的专项资金和项目可能存在的重复），对针对指标分析揭示的问题，结合访谈及抽样调查的情况，提出针对性建议。

需要特别指出的是，采用指标分析法进行的评价，要对在绩效指标体系表中的扣分点进行定性分析，并具体描述，重点剖析此项绩效指标的扣分对整个政策或项目实施的影响程度，并且在对应的问题和建议中给予反映。

在指标分析法评价的基础上，综合辅以文献法、专家咨询法、成本效益分析法、比较法、因素分析法、最低成本法、定量模型分析、公众评判法等。绩效评价方法主要包括：

1. 文献法

通过广泛收集相关文献，并通过对文献的研究形成对事实的科学认识，从中选取信息，以达到调查研究目的。文献法是一种便捷、高效的研究方法，超越了时间和空间限制。

2. 专家咨询法

为了保证评价的专业性，兼顾学术研究和实践应用的各个方面，在绩效评价过程中引入专家，包括财政专家、绩效专家和行业专家，财政专家重点从预算管理角度提出专业建议，绩效专家则依据绩效评价原理，重点把握绩效评价方案中的评价思路合理性、评价指标体系设计科学性等，行业专家根据专业领域实践经验把握项目的评价关键点、明确评价结论定位等。通过专家的参与，提升方案和报告的科学性、全面性，评审后的方案包括绩效目标和指标体系及评分标准，均作为绩效评价的重要依据。

3. 成本效益分析法

成本效益分析法是指将一定时期内总成本与总效益进行对比的分析方法，以评价绩效目标实现程度。结合预算支出确定的目标，比较支出所产生的效益及所付出的成本，通过比较分析，选择最小成本取得最大效益的项目，但其适用范围具有一定的局限性。该方法主要适用于成本和收益都能准确计量的项目评价，如公共工程项目等，但对于成本和收益都无法用货币计量的项目则无能为力。一般情况下，以社会效益为主的支出项目不宜采用此方法。

4. 比较法

比较法是指通过对绩效目标与实施效果、历史与当期情况、不同部门和地区同类支出的比较，综合分析绩效目标实现程度。比较法主要适用于财政项目资金管理，通常也通过一些案例的对比分析来进行方案的选择，进行评判。

5. 因素分析法

因素分析法是指通过综合分析影响财政资金绩效目标实现、实施效果的内部、外部因素，将影响投入和产出的各项因素罗列出来进行分析，计算投入产出比进行评价的方法。很多公共项目都采用因素分析法，通过不同因素的权重评比，进行综合评分。

6. 最低成本法

最低成本法是指对效益确定却不易计量的多个同类对象的实施成本进行比较，评价绩效目标实现程度。该方法只计算项目的有形成本，在效益既定的条件下分析其成本费用的高低，以成本最低为原则来确定最终的支出项目。由于公共部门只要提供公共服务，与经济效益最大化的企业组织存在一定的区别。在使用成本最小化原则的同时，也需要明确不同对象的产出和结果，并适当选取其他方式综合进行绩效评价。

7. 定量模型分析

定量模型分析是指利用政策相关的横截面数据、时间序列数据或面板数据，应用计量经济方法，建立数学模型进行计算分析，找出影响政策绩效的主要因素，分析影响政策低效的主要因素，针对性地提出具体改进建议。这类分析对数据质量和分析技术的要求较高。主要包括时间序列外推预测模型、多元回归模型、数据包络分析法（DEA）、可计算一般均衡模型、系统分析法、网络分析法、模糊综合评估法、灰色系统理论、人工神经网络评估法、基于主体建模的公共政策仿真方法等。

8. 公众评判法

公众评判法是指通过公众问卷，或直接对公众进行抽样调查等对财政支出效果进行评判，评价绩效目标实现程度。对于无法直接用指标计量其效益的支出项目，可以选择社会公众进行问卷调查，以评判其效益，适用于对公共部门和财政投资兴建的公共设施进行评价，具有公开性的特点，但需要设计好相应的评估方式和调查问卷，并有效选择被调查的人群。

（三）建设工程项目绩效评价的内容及重点

预算绩效评价对象是纳入预算管理的财政性资金。项目支出是其中为完成特定工作任务或事业发展目标，在基本预算支出外专项安排的支出，故以项目支出为对象的绩效评价，一般以反映部门特点、行业特色和涉及重大民生、社会关注度高、政府购买公共服务等项目支出等为重点。

从具体支出项目看，其绩效评价内容主要包括项目立项依据充分性、财政资金使用情况、项目管理制度建设及执行情况以及预期效果目标实现情况；其中项目立项依据充分性主要从绩效目标与战略规划、事业发展的适应性，项目实施计划的完善度等方面考察；财政资金使用情况主要考察财务管理状况，资产配置、使用、处置及其收益管理情况；项目管理制度建设及执行情况主要考察项目投资、项目实施、成本控制、财务监理、政府采购、合同管理、质量控制情况等；绩效评价核心考察的预期效果目标实现情况，则从预计产出、效果和影响力三个方面考察。此外，绩效评价还需要回答项目预算编制与安排的合理性问题，分析项目相关政策的科学性等。

建设工程及维护类项目绩效评价的重点如下：

（1）基建工程及维护类项目立项的依据是否充分。

（2）基建工程及维护项目计划的合理性与可行性。

（3）基建工程及维护项目预算依据的充分性和编制合理性。

（4）政府采购流程的规范性。

（5）项目实施管理规范性：工程前期手续完备性，监理机制、工程变更和项目验收、档案管理规范性。

（6）成本控制情况：是否有成本控制措施，是否有超概算的情况，超出 10% 及以上的如何处理。

（7）工程及维护工作完成情况，完成的数量、质量和时效性等。

（8）基建工程及维护项目带来的效益。

三、建设工程项目绩效评价指标体系设计

绩效评价指标体系是评价思路的集中体现，也是绩效评价工作方案设计的核心和难点，重点包括指标框架、指标权重和评价标准等方面。项目支出绩效评价指标体系设计应遵循绩效评价的基本原则，就项目决策、项目管理和项目绩效等方面进行全面设计。指标设置要考

虑其实用性、可操作性和可实现性，要能充分体现和真实反映评价项目的绩效状况和绩效目标的完成情况以及评价的需要。

（一）总体设计思路

指标体系设计的总体思路应当在前文所述评价思路的前提下，概述评价指标设计思路、指标设计依据、权重设计思路、数据来源及取数方式、评价标准及评分方式确定的原则和方法，即评价目的和评价重点是如何通过评价指标体系来实现。绩效评价指标体系通常以财政部门统一规定的指标框架为基础，根据项目特点进一步细化设计指标。指标体系设计的总体思路应当结合个性化的评价目的予以阐述，避免千篇一律。

（二）评价指标框架及内容

绩效评价指标是依据细化量化的绩效目标而形成的衡量绩效目标实现程度的考核工具，结合评价重点和评价目的，按照科学的逻辑路径设计。评价指标体系遵循"投入—产出—效果"的基本逻辑路径，设置项目决策、项目管理和绩效三项一级评价指标。设计具体指标时，应将定量指标与定性指标相结合，按照定性指标可衡量、定量指标应量化的要求，依据评价项目特点和评价工作需要，在绩效评价指标框架的基础上，对评价指标逐级分解和细化。指标框架可参考各地区出台的指标体系框架，个性指标则应根据项目实际情况制订。

（三）建设工程项目共性指标

从财政支出绩效评价角度出发，不同类别资金在绩效目标设定、绩效指标构建上均存在特殊性，无法采用同一套指标体系对所有项目的绩效进行评价，但若针对每个项目都建立一套指标体系，工作量过于繁重，且无法进行同类项目的横向比较而导致评价失去意义。因此，财政资金分类是实现绩效评价指标体系建设的前提。在财政部、各地项目支出绩效评价共性指标框架的基础上，按照资金用途对项目管理类指标进行分类，建立政策类、基本建设类、信息化工程类、业务类、设备购置及维护类五大类共性评价指标，包括项目决策和项目管理两类一级指标。

基本建设类项目的共性指标结合项目特点，项目实施环节重点关注政府采购、合同管理规范性，项目验收、工程变更及监理的规范性等，具体共性指标详见表4-9。

表4-9　建设工程类项目共性评价指标

一级指标	二级指标	三级指标	指标标杆值	参考权重	指标解释
项目决策	决策管理	立项依据充分性	充分	3	考察项目立项是否有充分的依据
	决策管理	项目立项规范性	规范	3	考察项目申请、设立过程是否符合相关要求，用以反映和考核项目立项的规范情况
	目标管理	绩效目标合理性	合理	4	考察项目所设定的绩效目标是否依据充分，是否符合客观实际，用以反映和考核项目绩效目标与项目实施的相符情况

续表

一级指标	二级指标	三级指标	指标标杆值	参考权重	指标解释
项目管理	投入管理	预算编制合理性	合理	5	考察项目预算编制是否完整，是否有明确、合理的单价标准和数量确定依据，是否与绩效目标设置的水平相符
		预算资金到位情况	足额到位	2	考察各层级预算资金及时、足额到位情况，用以反映资金的到位程度
		预算执行率	100%	3	考察实际支出资金额占预算到位资金额的比率，用以反映预算单位预算资金执行情况
	财务管理	财务管理制度健全性	健全	2	考察财务制度是否健全、完善、有效，用以反映和考核财务管理制度对资金规范、安全运行的保障情况
		财务监控有效性	有效	2	考察预算单位是否为保障资金的安全、规范运行等而采取了必要的监控、管理措施，用以反映和考核项目实施单位对资金运行的控制情况
		资金使用规范性	规范	3	考察预算资金的使用规范程度。项目预算资金使用是否符合相关法律法规、制度和规定，用以反映和考核项目资金使用的规范性和安全性
	项目实施	项目管理制度健全性	健全	3	考察该项目是否具备可参考的管理办法，反映管理制度的健全性
		政府采购规范性	规范	3	考察政府采购申请规范性、政府采购计划备案规范性、信息发布规范及及时性、采购流程规范性等，反映政府采购的合规性
		合同管理完备性	完备	2	考察合同要素是否明确、清晰
		项目验收规范性	规范	3	考察项目是否具有规范的验收工作流程，用以反映验收工作的规范性
		工程变更规范性	规范	3	考察项目工程变更是否规范

续表

一级指标	二级指标	三级指标	指标标杆值	参考权重	指标解释
项目管理	项目实施	监理规范性	规范	3	考察财务监理和工程监理工作的规范性，其中重点考察财务监理在资金监控、投资控制等工作中完成情况；重点考察工程监理在项目时间管理、质量管理、风险管理的工作完成情况
		“三算”一致性	一致	3	考察项目成本的控制情况

（四）建设工程项目指标评价的主要内容

1. 工程建设各阶段评价重点内容

立项阶段，不仅考虑项目的经济收益，还要考虑项目是否能够产生一定的社会效益和环境效益。在立项过程中，需要在一定范围内征求社会公众的意见，将公众的支持度作为项目立项决策的重要依据。同时，项目立项的合规性比其他项目要更为严格，受到的限制因素也较多，比如项目立项是否经过集体决策，是否符合国家产业要求，资金来源是否已纳入财政预算等。

在项目实施阶段，政府在项目实施过程中一般不参与具体的管理，而是通过代建或者其他方式实施项目。这就要求政府各个部门在项目实施过程中充分协调配合，确定合理的项目绩效目标，建立有效的监督管理机制，实施更高效率的管理。

在运营试用阶段，政府投资建设项目关注的重点是充分发挥项目的社会效益、环境效益和项目的可持续发展，而不是单纯的投资回收和盈利。

2. 建设工程项目绩效评价重点指标参考

在项目立项阶段，项目立项规范性、项目立项可行性、项目资金筹集、概算编制 4 个指标是出现频次较高的指标。

在项目实施阶段，建设程序合规性、投资管理、招投标管理、质量管理、施工过程管理、合同管理、风险管理、竣工验收、项目产出 9 个指标出现频次较高。

在运营使用阶段，项目的经济、社会、环境和可持续发展 4 个指标是出现频次相对较高的指标。

四、建设工程项目绩效评价结果应用

评价工作完成后，评价组织方对评价结果的反馈及应用等工作按照相关规定处理。目前，评价结果的应用方式主要有以下四方面：一是经专家评审后通过的评价报告反馈给主管部门和预算部门（单位）；二是主管部门、预算部门（单位）依据反馈结果进行整改；三是按照绩效信息公开的相关要求，公开评价结果，主动接受社会监督；四是根据绩效管理的要求实施绩效问责。

依据评价的不同类型，具体结果应用方式存在一定的差异，其中项目支出绩效评价结果主要为项目预算调整、项目管理改进提供依据；部门整体绩效评价结果主要为部门整体预算调整提供依据；由于政策绩效评价的重点内容之一是政策本身，因此最终的评价结论要落实到每一条政策的存废、修改或完善之上，而不仅仅是政策相关的项目实施及预算管理，这是政策绩效评价与一般项目支出绩效评价、部门整体绩效评价在结果应用上的重要区别。同时，政策绩效评价结果还是政府相关机构及职能的调整、支出结构的优化、新一轮政策的规划与设立的有效支撑，通过评价使政策体系更为完备和健全，更好地适应地区发展的需要。

五、建设工程项目绩效评价案例解析①

（一）项目基本情况

为切实改善居住环境，方便人民生活，上海市自 1987 年起征收住宅建设配套费，用于住宅建设的市政公用基础设施和公建设施的配套建设。上海市住房和城乡建设管理委员会及其下属单位上海市房屋管理局每年按照政府性基金管理的要求，采用以收定支的方法总体平衡各区需求，统筹安排住宅建设配套费（城市基础设施配套费）。规划滨江路（宛平南路—东安路）住宅配套工程属于市政住宅配套项目，于 2008 年 10 月提出立项申请，2008 年 11 月批复立项。该项目主要包括道路工程、排管工程及附属设施工程，于 2012 年 11 月 15 日开工，2018 年 12 月竣工验收。2019 年 12 月对项目投资进行了清算销项。

（二）该项目评价目的及指标设计思路

1. 评价目的

此次评价主要是为了规范部门预算工作，强化预算支出管理，提高配套费专项基金的使用效益；梳理预算单位和建设单位业务和资金全过程管理的制度和流程，进一步明确项目各单位的职责，健全和完善配套费资金管理制度、业务操作流程，起到以点带面的作用。

2. 指标设计思路

该项目指标体系构建，共性指标从市财政监督局提供的《财政项目支出绩效评价共性指标框架》中选择，个性指标根据项目的实际情况制订。

根据指标体系设计的总体思路，根据重要性原则结合该项目工程类建设项目特点，设置权重分配值，共设置了 4 个一级指标、10 个二级指标、28 个三级指标。

从四维结构看，决策和过程管理指标体现了过程特征，属于保障性的条件和发展可持续性指标，因此权重分别各占 20%，共计 40%；产出和效果类指标最重要地体现了绩效的本质，因此权重分别各占 30%，共计 60%。对一级指标再下分成二级、三级指标，使评价指标具体细化，更具操作性，对一级指标权重比例的影响程度确定评价指标的权重比例结构。具体指标体系如表 4－10 所示。

---

① 此次选取绩效评价案例为规划滨江路（宛平南路—东安路）住宅配套工程绩效评价，素材来源于上海市财政局公开绩效评价报告资料。

表 4-10 评价指标体系

<table>
<tr><th>一级指标</th><th>二级指标</th><th>三级指标</th></tr>
<tr><td rowspan="5">项目决策</td><td rowspan="2">A1 项目立项</td><td>A11 项目立项依据充分性</td></tr>
<tr><td>A12 项目立项规范性</td></tr>
<tr><td rowspan="2">A2 项目绩效目标</td><td>A21 绩效目标合理性</td></tr>
<tr><td>A22 绩效指标明确性</td></tr>
<tr><td>A3 资金投入</td><td>A31 预算编制合理性</td></tr>
<tr><td rowspan="10">项目过程</td><td rowspan="3">B1 资金管理</td><td>B11 预算执行率</td></tr>
<tr><td>B12 资金监管有效性</td></tr>
<tr><td>B13 资金使用合规性</td></tr>
<tr><td rowspan="7">B2 组织实施</td><td>B21 项目管理制度健全性</td></tr>
<tr><td>B22 项目“三算”一致性</td></tr>
<tr><td>B23 政府采购规范性</td></tr>
<tr><td>B24 合同管理规范性</td></tr>
<tr><td>B25 签证管理规范性</td></tr>
<tr><td>B26 工程验收规范性</td></tr>
<tr><td>B27 档案管理规范性</td></tr>
<tr><td rowspan="7">项目产出</td><td rowspan="3">C1 产出数量</td><td>C11 道路工程完成率</td></tr>
<tr><td>C12 排管工程完成率</td></tr>
<tr><td>C13 附属工程完成率</td></tr>
<tr><td rowspan="3">C2 产出质量</td><td>C21 道路工程合格率</td></tr>
<tr><td>C22 排水工程合格率</td></tr>
<tr><td>C23 附属工程合格率</td></tr>
<tr><td>C3 产出时效</td><td>C31 施工完成及时性、与住宅交付同步性</td></tr>
<tr><td rowspan="6">项目效果</td><td rowspan="5">D1 实施效益</td><td>D11 配套设施运行率</td></tr>
<tr><td>D12 绿化环境提升情况</td></tr>
<tr><td>D13 道路排水通畅情况</td></tr>
<tr><td>D14 道路交通环境改善情况</td></tr>
<tr><td>D15 完善区域路网情况</td></tr>
<tr><td>D2 满意度</td><td>D21 居民满意度</td></tr>
</table>

（三）评价结论

1. 主要绩效

该项目完成了 630. 89m 的道路及排管等附属工程项目建设，完善了区域路网，方便了居民出行，改善了道路区域环境，满足了滨江地区整体开发的要求，周边居民满意度评价为 89. 7% 。

2. 绩效分析

该项目立项依据充分，审批流程规范；预算编制合理，相关管理制度基本健全；项目组织实施有效，工程竣工验收合格，顺利移交接管单位。但仍存在立项审批要件不够完备，导致项目立项后因土地权属问题暂时搁置；对代建单位资金监管不到位；档案管理制度不够健全，项目管理及建设档案未及时归档报送；采购和合同管理制度不完善，部分采购流程不够规范等不足之处。

参考文献

[1] 马楠．工程造价管理［M］．第二版．北京：机械工业出版社，2009：7－9.

[2] 孙佑海．司法解释的理论与实践研究［M］．北京：中国法制出版社，2019：2－4.

[3] 胡伟新，吴光侠，冯文生，等．中国司法解释制度的发展与完善［J］．法律适用，2014，(12)：29－33.

[4] 陈春龙．中国司法解释的地位与功能［J］．中国法学，2003，(01)：23－31.

[5] 王成．最高法院司法解释效力研究［J］．中外法学，2016，28（01）：263－279.

[6] 张翔．宪法概念、宪法效力与宪法渊源［J］．法学评论，2021，39（04）：24－35.

[7] 高印立，赵怡红．对工程竣工结算文件不予答复问题的探讨［J］．建筑经济，2006，(07)：44－46.

[8] 柴家祥．关于发包人收到结算报告逾期未答复视为认可规则的分析［J］．山东法官培训学院学报，2021，37（02）：193－200.

[9] 白如银，高靖．“黑白合同”裁判规则的理解适用［J］．中国招标，2021，(06)：18－20.

[10] 本刊编辑部，刘学圣，王永起．建设工程合同纠纷案件审理中的若干问题［J］．山东审判，2007，(02)：20－33.

[11] 王建东，杨国锋．建设工程施工合同中工程款结算“视为认可”条款研究［J］．北京交通大学学报（社会科学版），2013，12（01）：100－107.

[12] 周霞，杜卓群．京津冀建筑产业时空布局演化及效果研究——基于非首都功能疏解视角［J］．建筑经济，2020，41（01）：116－120.

[13] 白如银．司法判决视角下的中标合同法律风险防范——兼谈《招标投标法》第四十六条的理解与适用［J］．招标采购管理，2020，(07)：61－65.

[14] 曹玉红．建设工程施工合同中“黑白合同”的认定及处理路径［J］．法制博览，2020，(23)：129－130.

[15] 方乐坤．建设工程领域“黑白合同”规则实证研究——解释论的视角［J］．现代法学，2020，42（05）：196－209.

[16] 最高人民法院．最高法出台司法解释明确建设工程施工合同效力认定［J］．建筑，2019，(02)：44－45.

[17] 张军海．《建工司法解释二》重点内容解读［J］．混凝土世界，2019，(03)：88－92.

[18] 邬洪明．浅议《招标投标法》“背离合同实质性内容”条款的适用［J］．招标采购管理，2019，(05)：58－61.

[19] 程新文，刘敏，谢勇．《关于审理建设工程施工合同纠纷案件适用法律问题的解释（二）》的理解与适用［J］．人民司法，2019，(04)：36－41.

[20] 谢冰芳．建设工程阴阳合同效力问题研究［D］．石家庄：河北科技大学，2020.

[21] 张钰．建设工程施工“黑白合同”法律问题研究［D］．西安：西安建筑科技大学，2020.

[22] 刘凯．建设工程施工合同无效的认定及其法律后果［D］．厦门：厦门大学，2019.

[23] 陈骋．建设工程转包合同工程款结算的确定［D］．成都：西南科技大学，2020.

[24] 陈思言．建设工程施工合同无效的法律制度研究［D］．大连：大连海事大学，2016.

[25] 佟日红．无效建设工程施工合同的认定及处理［D］．桂林：广西师范大学，2017.

[26] 唐倩．无效建设工程施工合同研究［D］．北京：对外经济贸易大学，2019.

[27] 王雪．建设工程施工合同无效的司法实务问题研究［D］．北京：中国政法大学，2017.

[28] 奉萍，倪东旭．关于工程造价司法鉴定存在问题的思考［A］//《建筑科技与管理》组委会．2020年5月建筑科技与管理学术交流会论文集［C］．《建筑科技与管理》组委会：北京恒盛博雅国际文化交流中心，2020.

[29] 刘江，李静，胡春华．工程造价司法鉴定专家证人制度浅析［J］．工程造价管理，2021，(02)：65－69.

[30] 杜鸣欣．建筑工程造价司法鉴定法律问题的探讨［J］．法制博览，2020，(22)：117－118.

[31] 卢灿斌，卢峰．建设工程造价司法鉴定问题研究［J］．现代商贸工业，2020，41(08)：162－163.

[32] 王俊安．"工程造价鉴定"概念再思考［J］．建筑与预算，2019，(05)：17－21.

[33] 李玢．工程造价司法鉴定理论及其应用与研究［D］．长沙：湖南大学，2013.

[34] 邓宗禹．《关于审理建设工程施工合同纠纷案件适用法律问题的解释（二）》对工程造价司法鉴定的影响浅议［J］．招标采购管理，2019，(03)：59－60.

[35] 胡逸恬．专家辅助人的意见属性［J］．人民法治，2018，(09)：45－47.

[36] 李学军，朱梦妮．专家辅助人制度研析［J］．法学家，2015，(01)：147－180.

[37] 韩红．专家辅助人出庭制度的构建［J］．国家检察官学院学报，2015，23(02)：91－174.

[38] 管珈琪．论专家辅助人意见的证据能力及证明力［D］．成都：西南政法大学，2017.

[39] 赵宁．民事诉讼专家辅助人制度研究［D］．保定：河北大学，2019.

[40] 窦淑霞．法官对专家辅助人意见的采信与心证形成的路径分析［J］．法学杂志，2018，39(02)：108－123.

[41] 张红标，王敬军，罗菲，等．建设工程计价标准体系的构建研究［J］．建筑经济，2021，42(05)：38－42.

[42] 乔子霁．建筑工程管理中的全过程造价控制策略分析［J］．建筑与预算，2021，(09)：26－28.

[43] 林淑君．建设工程甲方的全过程工程造价管理控制分析［J］．中国住宅设施，2021，(09)：41－42.

[44] 田光明．建筑工程造价鉴定工作中争议问题处理分析［J］．工程技术研究，

2019，4（17）：160－161.
［45］杨小利．民事证据制度改革视角下司法鉴定制度的完善——兼论司法鉴定公信力的提高［J］．中国司法鉴定，2021，（05）：9－19.
［46］叶莹．我国工程造价鉴定制度研究［D］．武汉：武汉理工大学，2013.
［47］财政部预算司．中央部门预算编制指南（2019）［M］．北京：中国财政经济出版社，2019.
［48］李燕．政府预算管理［M］．北京：北京大学出版社，2016.
［49］肖捷．全面实施预算绩效管理提高财政资源配置效率［N］．学习时报，2018－03－16.
［50］财政部．预算司预算绩效管理国际发展趋势［N］．中国财经报，2019－07－06.
［51］王海涛．我国预算绩效管理改革研究［D］．北京：中国财政科学研究院，2014.
［52］李燕．国家治理现代化视角下的全面预算绩效管理改革［J］．中国财政，2019，（10）：16－18.
［53］罗伯特·S·卡普兰，大卫·P·诺顿．策略核心组织以平衡计分卡有效执行企业策略［M］．ARC 远擎管理顾问公司策略绩效事业部，译．台北：台北城邦事业股份有限公司，2001.
［54］乔迪·扎尔·库赛克．绩效监测与评价手册·十步法：以结果为导向［M］．北京：中国财政经济出版社，2011.
［55］张国庆，曹堂哲．平衡计分卡与公共行政执行的有效性［J］．湖南社会科学，2005，（2）：42－47.
［56］刘国永．预算绩效管理专业基础［M］．镇江：江苏大学出版社，2014.
［57］施青军．政府绩效评价概念、方法与结果运用［M］．北京：北京大学出版社，2016.
［58］王泽彩．绩效：政府预算的起点与终点［M］．上海：立信会计出版社，2016.
［59］王韶华．中国财政支出绩效评价研究［M］．武汉：湖北科学技术出版社，2016.
［60］朱衍强，郑方辉．公共项目绩效评价［M］．北京：中国经济出版社，2009.
［61］中国发展研究基金会．全面实施预算绩效管理读本［M］．北京：中国发展出版社，2020.
［62］马海涛，曹哲堂，王红梅．预算绩效管理理论与实践［M］．北京：中国财政经济出版社，2020.
［63］陈晓．英美政府绩效管理研究比较［D］．北京：中国矿业大学，2016.
［64］尹伟．工程建设项目其中绩效评价研究——以青岛数媒中心项目为例［D］．青岛：青岛理工大学，2017.